金融学、金融工程、保险学国家一流专业 "双万计划"

金 融 学 北 京 市 一 流 专 业 建设系列成果

首 都 金 融 发 展 文 库

金融（保险）教学改革论文集

2021

主 编 ◎ 陈奉先

首都经济贸易大学出版社

Capital University of Economics and Business Press

· 北 京 ·

图书在版编目(CIP)数据

金融(保险)教学改革论文集. 2021 / 陈奉先主编. -- 北京：首都经济贸易大学出版社，2022. 10

ISBN 978-7-5638-3437-2

Ⅰ.①金…　Ⅱ.①陈…　Ⅲ.①金融学—教学改革—文集②保险学—教学改革—文集　Ⅳ.①F830-53②F840-53

中国版本图书馆 CIP 数据核字(2022)第 200811

金融(保险)教学改革论文集 2021
陈奉先　主编
Jinrong(Baoxian)Jiaoxue Gaige Lunwenji 2021

责任编辑	王　猛
封面设计	小　尘
出版发行	首都经济贸易大学出版社
地　　址	北京市朝阳区红庙（邮编 100026）
电　　话	(010)65976483　65065761　65071505(传真)
网　　址	http://www. sjmcb. com
E - mail	publish@cueb. edu. cn
经　　销	全国新华书店
照　　排	北京砚祥志远激光照排技术有限公司
印　　刷	北京建宏印刷有限公司
成品尺寸	170 毫米×240 毫米　1/16
字　　数	194 千字
印　　张	12. 25
版　　次	2022 年 10 月第 1 版　2022 年 10 月第 1 次印刷
书　　号	ISBN 978-7-5638-3437-2
定　　价	42. 00 元

序　言

波澜壮阔的改革开放改变了中国,也影响了世界。在四十年改革开放的伟大历程中,金融作为实体经济的血脉,实现了从大一统的计划金融体制到现代金融体系的"凤凰涅槃",初步建成了与国际先进标准接轨、与我国经济社会实际契合的中国特色社会主义金融发展路径。

经过四十年努力,我们不断改革完善金融服务实体经济的理论体系和实践路径。持续优化完善传统信贷市场,为服务实体企业改革发展持续注入金融活水;建立健全股票、债券等金融工具为代表的资本市场,畅通实体企业直接融资渠道,增强其可持续发展能力;推动低效产能有序退出市场、临时困难但前景良好的企业平稳渡过难关、优质企业科学稳健发展,鼎力支撑我国企业从无到有、从小到大、从弱到强,逐步从低端加工制造向高附加值迈进。

经过四十年努力,我们基本构建了以人民为中心的居民家庭金融服务模式。不仅借鉴西方现代金融实践,支持家庭部门熨平收入波动,实现跨期消费效用最大化;而且充分利用我国银行业分支机构延伸到乡镇、互联网全面覆盖到村落等良好基础设施,逐步实现基础金融服务不出村,促使我国普惠金融走在了世界前列;同时,积极构建与精准扶贫相配套的金融服务体系,发挥金融在扶贫攻坚中优化资源配置的杠杆作用,为人民对美好生活的向往提供金融动力。

经过四十年努力,我们探索了从国民经济循环流转大局增强金融和财政合力的有效方式。在改革开放过程中,我们不断优化财政支持与金融服务的配套机制,运用金融工具缓解财政资金使用碎片化问题和解决财政资金跨期配置问题,增进财政政策促进经济结构调整和金融政策促进经济总量优化的协调性,持续提升国民经济宏观调控能力和水平,既避免金融抑制阻碍发展,又防止过度金融风险集聚。

2008年,美国次贷危机引发的全球金融海啸引发了人们对金融理论和金融实践的深刻反思。金融理论是否滞后于金融实践,缺乏对金融实践有效的指引?金融实践是否已过度复杂化,致使金融风险难以识别、度量和分散?近年来,随着互联网、大数据、人工智能、区块链等技术的出现,科技发展在极大提高金融业服务之效的同时,也对传统金融业带来了冲击。金融业态正在发生重大变化,金融风险出现新的特征。在新的背景下,如何处理金融改革、发展、创新与风险监管的关系,如何守住不发生系统性金融风险的底线,已经成为世界性重大课题。在以习近平同志为核心的党中央坚强领导下,我国进入中国特色社会主义新时代。在这个伟大的时代,对上述方面进行理论创新和实践探索的任务非常艰巨,使命非常光荣。为完成这一伟大历史使命,需要建设好一流金融学科和金融专业,大规模培养高素质金融人才,形成能力素质和知识结构与时代要求相匹配的金融人才队伍。北京正在建设"政治中心、文化中心、国际交往中心、科技创新中心",加强金融学科建设和金融人才培养正当其时。

欣闻首都经济贸易大学金融学成功入选北京市一流专业和国家一流专业"双万计划",正在组织出版"一流专业建设系列成果",这为打造高素质金融人才培养基地迈出了重要步伐,将对我国金融学科和金融专业的建设起到积极的推动作用,为促进我国金融高质量发展并建成现代金融体系作出应有贡献,为实现伟大复兴中国梦提供有益助力。

尚福林

内容简介

    2021 年,金融学院继续沿着"夯实基础、打造一流"的思路进行专业建设,并以金融学、金融工程、保险学入选国家"双万计划"一流专业为契机,全面推进各专业建设落地生根、发芽开花。在过往的一年里,在全院师生的共同努力下,金融学院专业建设成果斐然。在此之际,我们收集了学院部分教师 20 篇课程思政、专业思政、人才培养方面的成果,辑录成册,以飨读者。希望借此可以充分交流思想、分享经验,进一步提高金融学院专业建设水平,更好践行"为党育人、为国育才"的历史使命。

目　录

投资学专业思政建设模式研究①

李　新

摘　要: 课程思政、专业思政建设的实践与探索已逐步深入高校课堂,并取得一定的成果。随着我国经济增长方式转变,金融市场逐渐成熟,投资在社会发展中越来越重要。基于此,本文提出投资学专业的思政培养目标、思政元素挖掘、思政元素融入专业课堂方式、专业思政体系建设以及专业思政建设的成效与建议。本文的探索和研究对于高校课程思政、专业思政建设的推进具有一定的理论与实践意义。

关键词: 投资学,课程思政,专业思政,投资观,金融素养

一、投资学专业思政建设的重要性

(一)课程思政建设的重要性

2016 年,在全国高校思想政治工作会议上,习近平总书记发表重要讲话,强调了高校思想政治工作的重要性,"我国高等教育肩负着培养德智体美全面发展的社会主义事业建设者和接班人的重大任务,必须坚持正确的政治方向"。在此新形势下,教育部等八部门在《关于加快构建高校思想政治工作体系的意见》中提出,高校思政教育体系建设的根本任务是"建立立德树人体制机制,把立德树人融入思想道德、文化知识、社会实践教育等环节",全面推进课程思政建设则是落实立德树人根本任务的战略举措。教育强则少年强,少年强则中国强。高校教育的最终目标是向社会输送人才,课程思政建设要求的提出则将一

---

① 本文系首都经济贸易大学 2021 校级教改项目(2021 促进高校内涵发展项目)的成果、首都经济贸易大学 2022 校级教改项目(研究生示范课程建设项目)的成果。

作者简介:李新,教授、博士生导师,首都经济贸易大学金融学院暨证券期货研究所所长。

维的"专业"培养目标扩展为"专业-能力-思想"三维目标,以培养符合当代社会发展需要的全面人才。由此可见,课程思政、专业思政建设的推进与研究,符合国家发展对新型人才的要求,符合党中央、教育部的战略要求,对实现中国梦和中华民族的伟大复兴至关重要。

(二)投资学专业的重要性

大体上说,现代经济由金融经济和实体经济构成,二者相互作用,相互影响。金融经济通过金融资本对实体经济的渗透日益加深,形成现代金融和经济的核心竞争力,即"金融定价权",而投资正是金融定价权的基础所在。在经济全球化时代,甚至可以说"科学技术是第一生产力,金融定价权是第一控制力,投资是第一基础力"。由此可见,投资是一国实现经济增长、金融市场良性发展的基础与根本,应从国家战略高度充分重视金融投资的重要性,推动高校投资学专业的深入发展,培养符合新时代要求的投资学专业人才。

投资学是一门交叉性与应用性很强的专业,融经济学、金融学、管理学、统计学、保险与风险管理等多门学科于一体,是金融专业的核心课程之一,注重将理论知识转化到实践操作,充分认识国内与国际金融市场。投资专业课程既包含实业投资,也包含金融投资,既涉及实体经济,也涉及虚拟经济。投资学专业的深入发展对高校学科建设与融合、学生专业能力培养有着重要意义。

(三)专业思政建设的重要性

课程思政与专业思政建设的侧重点略有不同。课程思政建设是实现课程育人的落脚点,以课程特点为基础,深入挖掘课程和教学方式中蕴含的思想政治教育元素,完善课程思政建设的工作体系、教学体系和内容体系,将思想政治教育工作贯穿课程讲授的各个方面。专业思政建设的重点则在于专业建设,更强调"整体设计和一体化推进",根据专业人才培养目标,科学合理地设计思想政治教育内容。课程思政与专业思政联系紧密,互为支撑。

目前,全国高校课程思政建设的实践与探究已逐步深入,部分高校取得了可观的研究成果,课程思政建设也由个别地区高校的个案探索向全国范围、所有高校的共同实践方向扩展,基本上形成了"课程门门有思政、教师人人讲育人"的总体格局。故此,专业思政建设的大趋势将是以专业特点为主线,将专业教师与思政教师、专业课程群课程,甚至全国高校串联起来,实现师生间、专业课程间乃至高校间的协同效应。

二、投资学专业思政建设下的人才培养目标

传统课程教学以教师单方面输出为主,以完成专业课程讲授为主要目的,教学目标也维持在一维的专业培养上。课程思政与专业思政建设则要求高校人才培养目标扩展到"专业–能力–思想"的三维层面上,见图1。

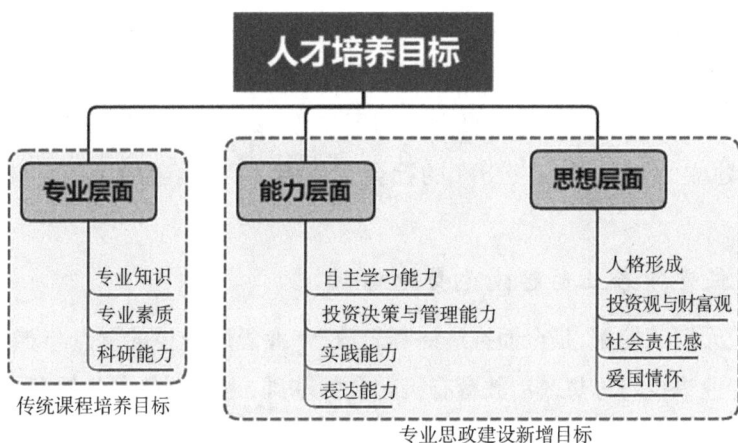

图1　投资学专业思政建设下的人才培养目标

(一)专业层面

投资学专业致力于培养新时代"求实创新的投资人才",使学生掌握投资学的基础知识和专业基础理论,熟悉经济学、金融学、计算机科学等学科原理与方法,具有较强的专业素养与科研能力,能够解决复杂的金融投资问题;了解我国金融市场的运行规律与市场现状,掌握国家投资相关的政策方针与法律法规,满足社会对投资学人才的需要,助推国家金融经济发展。

(二)能力培养层面

投资专业课程的教学,除了要求学生掌握专业知识,更要求培养学生学习、生活、工作多方面的能力,具体包括:①自主学习和判断能力,能够做到从课本理论认识到实际市场分析延伸,判断市场风险;②投资决策和管理能力,能够将

所学专业知识运用到实际市场投资中,能够做到对国内外经济环境的准确分析与预测;③实践能力,能够从事和处理相关投资业务;④语言表达能力,能够对自己所理解的事物作出准确描述,这不仅对学生学术发展至关重要,更对其生活、工作有重要意义。

(三)思想教育目标

高校学生未来步入社会后,将是社会发展的重要依托,承载着国家发展、民族复兴的伟大目标,担负着国家与社会的殷切希望,而个人的良好品质与正确价值观是实现社会正向发展的重要基础。因此,投资学课程思政建设的教育目标,应以"社会主义核心价值观"为指导,帮助学生树立良好的人生观、价值观与世界观,形成正确的投资观与财富观,树立符合"敬业"要求的职业道德感,建立"公平-公正-公开"的社会责任感,深化学生的民族自豪感与爱国情怀。

三、投资学专业的思政元素挖掘

思政元素的挖掘,是全面推进课程思政、专业思政建设的重点与难点,是实现课堂专业讲授与思想政治教育有机融合的基础,也是避免专业教育与思政教育出现"两张皮"问题的关键。

本文以习近平新时代中国特色社会主义思想为指导,以立德树人为根本,以理想信念教育为核心,以培育和践行社会主义核心价值观为主线,以建立完善全员、全程、全方位的"三全"育人机制为关键,结合投资学课程特点、投资专业人才培养要求,全面挖掘投资学课程显性与隐形思政元素。对投资学专业思政元素的挖掘可划分为个人、行业、国家三个层面,以体现全方面、多层次、由浅入深的培养层次,见图2。

(一)个人层面

1. 培养学生风险意识与金融专业素养,树立良好的投资价值观、风险收益均衡意识

投资学课程以培养金融投资、产业投资、实物投资等多方面的复合型人才为主要目的,良好的投资价值观、风险收益均衡意识可通过专业知识学习、案例分析等多方面专业训练来获得,有助于学生未来的职业道路发展。

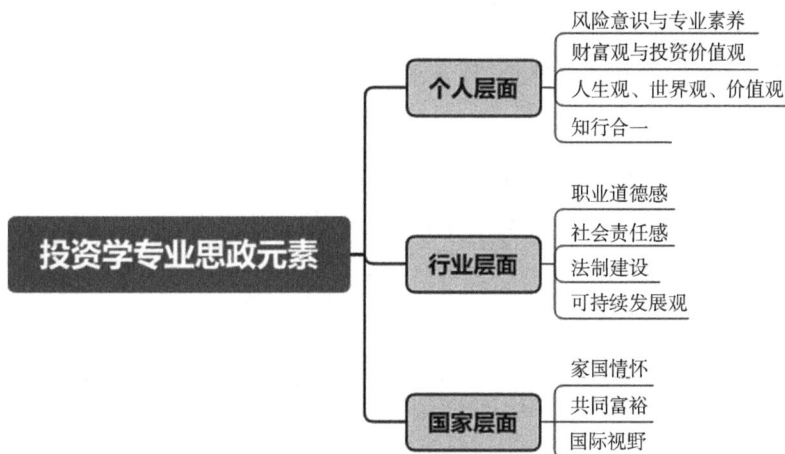

图 2　投资学专业思政元素挖掘

2. 培养学生正确的财富观与投资价值观

投资学专业的中心思想在于培养学生客观、理性地作出投资决策的能力，使其能以效用最大化为投资目标，合理分配资产，而非一味地追求收益，否则容易无法实现收益目标，造成损失。

3. 塑造学生良好的人生观、世界观、价值观，养成良好的人格品质

树人先树德，一个心怀正直理念，具有崇高的个人道德、思想品德、社会公德的人，才能真正地服务社会。

4. 理论联系实际

通过投资案例分析、实操演练，提升学生理论联系实际的能力，做到知行合一。

(二)行业层面

1. 引导学生形成高尚的职业道德

金融是现代国民经济的核心，金融行业从业人员处于国民经济核心部门，服务于政府部门、金融机构、证券机构等，高尚的职业道德对于个人职业发展、社会公平正义、国家经济建设都有重要意义。

2. 培养学生社会责任感

使之以维护金融行业和谐有序发展，构建、维护社会环境的公平、公正、公

开为己任。

3. 自觉维护行业法制建设,维护法律尊严,遵守法律法规、社会规章制度、行业行为准则等

无规矩不成方圆,金融从业人员所面临的金钱诱惑是巨大的,而违法、违规操作可能对客户、行业乃至金融市场造成不可估量的损失,因此需将法律底线、规则意识深植学生心中。

4. 形成高质量、可持续发展理念

坚定不移地贯彻创新、协调、绿色、开放、共享的发展理念,促进金融投资行业的良性发展。

(三) 国家层面

1. 培养学生家国情怀

深入贯彻爱国主义教育,通过课堂讲授,帮助学生深入了解中国金融市场的发展历程、现状并展望未来,认识中国经济体制,增强中国特色社会主义道路自信、理论自信、制度自信和文化自信,增强民族自豪感,以实现中华民族伟大复兴为己任。

2. 牢记共同富裕目标

金融学对促进经济高质量发展、夯实共同富裕的物质基础有重要作用。当前普惠金融的发展也是对共同富裕目标的一种响应,可以增强大众的金融可得性,达成金融服务于所有人民的目的。"共同富裕"应深植于投资学、金融学专业学生的心中,达成国家金融发展的战略要求。

3. 培养学生广阔的国际视野

经济发展需要开放,加强国际联系,应在课堂讲授中帮助学生了解国际经济运行与发展形势,不仅关注本国金融市场发展,更放眼国际市场,培养学生和谐发展、相互依存的全球发展观与命运共同体意识,促进我国经济开放和国际金融市场发展。

四、投资学专业思政元素融入方式

为避免造成专业教育与思想政治教育"两张皮"的问题,要创新教学方式,将思政元素有机地融入专业课堂的各个方面,提升师生的课堂参与度,避免一

味说教的方式,以免学生产生对思想政治教育的轻视、抵触心理,从而影响课堂进程。为此,本文提出"四个结合"来推进思政元素融入投资学专业课堂。

(一)学科–教材–教学相结合

为实现"润物细无声"的育人成效,从专业任课教师角度来说,应重视专业思政建设,将思政元素全方面地融入教学体系中。例如从投资学专业学科特点出发,全方面挖掘思政元素,将其融入专业教材中,对教材、教案进行重新编写与梳理,将思政元素融入案例分析、课后习题等教学模块中,并付诸课堂教学实践,通过教师讲授、课堂讨论等诸多方式实现专业思政教学目标。

(二)理论与实践相结合

将投资学专业知识落实到实践中去,不仅有助于学生深入理解课堂讲授的内容,在实践过程中体会其中的思政元素,而且对学生的实践能力、交流能力、创新能力等多个方面的能力都有提升作用。理论与实践相结合也体现在课堂内与课堂外两个方面。课堂内表现为,通过案例分析、例题与习题讲解、课堂分析讨论、小组交流等多种方式培养学生的分析、交流能力。课堂外表现为,以学生参与投资实操为主要依托,开展投资专业竞赛、实训基地建设、投资公司实习等多种活动,培养学生形成良好的投资价值观、财富观,增强创新实践能力。

(三)国际视野与本土操作相结合

国外投资学专业发展的时间较长,有诸多优秀的教材、案例等作为参考,但国内金融市场的发展状况多有不同,对于本国投资学专业的建设,在广泛吸收国外投资课程优点的同时,要探究更符合中国国情的教学内容。在教研过程中,力争做到案例本土化、数据本土化、经验本土化与模式本土化,所有授课内容都立足于中国金融市场,增强学生的民族自豪感与国家认同感,培养爱国情怀。与此同时,教师应收集合适的国际案例,分析国际金融市场,帮助学生深入了解国际市场发展形势。

(四)线上与线下相结合

随着互联网社交平台的发展,当代年轻人的生活、学习、娱乐都离不开手机,学生被各类网络信息包围,这也是思想政治教育甚至专业知识教育面临的一大挑战。在传统的线下授课、实践的基础上,可考虑增加线上渠道,一方面推进网络课堂的建设,如慕课、学习通等手段的使用,为学生提供预习、复习、自习的线上渠道;另一方面建设投资学专业相关的公众号、视频号等,接入学生日常使用的多种软件中,鼓励学生、教师创造并发布与专业相关的、导向积极正确的内容。这不仅有助于学风、校风的发扬与培养,更能向学生乃至社会传播正确的价值观。

五、投资学专业思政体系建设

(一)教师队伍建设

建立"专业负责人-课程负责人-教师"的专业思政教学队伍,加强思政教师与专业教师间的沟通交流,以思想政治教育老师、党务工作者对政治元素的敏锐性与深刻认识,帮助专业教师挖掘课堂思政元素,指明专业思政建设的方向,向专业老师传递正确的价值观与思政元素内涵。通过建立专业思政教学队伍,由专业负责人把握整体方向与课程群建设框架,由课程负责人掌握专业课程的系统性与结构性,分配具体任务到教师个人,最终将理论建设成果落实到课堂实践。

(二)专业课程群建设

为夯实学生的投资学专业基础,培养学生的核心素养和技能,投资学专业课程设置一般包括通识教育必修课、学科基础课、专业核心课、专业提升课,这些专业课程组成了投资学专业课程群。专业思政建设的重点在于将专业下所有课程群串联起来,实现课程间的有效衔接、互相补充。以学科基础课为主力,以专业核心课为重点,以专业提升课为升华,将专业内容、思政元素衔接起来,实现专业课程群思政教育的有效覆盖。

(三)专业与地域间协同建设

课程思政与专业思政建设绝非仅仅某一专业、某一高校进行的教学改革,而是需要专业间、高校间乃至地域间协同推进的重大课题。一方面,高校内各专业间协同推进课程思政、专业思政,有助于校风、学风的建设,在校园内营造一种积极向上的生活、学习氛围,有助于思想政治教育覆盖学生在校生活的各个方面。另一方面,加强高校间的交流,推进全国的课程思政建设,各地高校互相吸取课程改革经验,从而可以取得更好的改革成果,深入贯彻课程思政建设,在全国范围内形成良好的学风,最终形成正向社会效应。

六、投资学专业思政建设成效与建议

(一)投资学专业思政建设成效

1. 形成专业特色教学体系

投资学专业思政建设,要形成符合投资学课程特点、育人特点的教学体系,包括但不限于教师体系、课程体系、专业体系的建设,形成专业课程间有补充、教学内容间有衔接、投资专业有系统的合理体系,加强教师队伍间的交流,保障专业建设取得良好的育人成果。

2. 转变师生课堂观念

对于教师来说,课程思政建设要求教师重新梳理课堂内容,将思政元素融入课堂中去,转变传统教学观念,将"单向输出"转变为"双向交流",将"说教"转变为"实操",将"知识传授"转变为"课程育人"。对于学生来说,要从一味接受转向勇于提问,鼓励学生将所学知识灵活运用到实践中去,师生间互相学习,增强课堂互动性和吸引力。

3. 提升教学层次,创新教学方法

专业课程思政建设,要将高校专业课教学层次从传统的知识传授层面,提升到能力培养及个人价值观塑造、人格品质养成层面,充分发挥高校课堂育人作用。为确保课程思想政治教育取得满意的教学成果,投资学专业课程建设要做到理论与实践相结合,而思政教育的融入方式也需顺应课程建设要求,创新教学方法,将思政元素有机地融合到课程的案例分析、实训实践、课件视频、专题教学等多个方面,提升课堂吸引力和学生参与的积极性。

(二)对专业思政建设的建议

1. 系统化专业课程群

投资学专业下设课程众多,要将所有课程根据授课深度、授课方式、实践要求等特点,形成有结构、有联系、有系统的课程群。

2. 组织课堂实践与效果反馈,在实践中进步

专业思政建设最终要落实在课堂上,课堂思政理论建设与课堂实践应同步

推进,组织专家、教师、学生对课堂感悟、授课体验、教学效果进行反馈,并根据这些意见对教学安排、课堂内容进行修正,以保证专业思政教育的成效。

3. 遵循重点——一般——专业的建设路径

课程思政与专业思政建设并非一蹴而就,要从专业重点课程出发,形成示范效应,并以重点课程建设成果为蓝本,推进其他专业课程思政建设,最终达成课程串联,完成专业思政建设。

参考文献:

[1]习近平在全国高校思想政治工作会议上强调:把思想政治工作贯穿教育教学全过程 开创我国高等教育事业发展新局面[N]. 人民日报,2016-12-09 (1).

[2]习近平. 思政课是落实立德树人根本任务的关键课程[J]. 求是,2020 (17).

[3]韩宪洲. 课程思政的发展历程、基本现状与实践反思[J]. 中国高等教育,2021(23):20-22.

[4]韩宪洲. 以课程思政推进师德师风建设的内在逻辑与现实路径[J]. 思想理论教育导刊,2021(7):123-127.

[5]高燕. 课程思政建设的关键问题与解决路径[J]. 中国高等教育,2017 (Z3):11-14.

[6]齐鹏飞. 全面实现思政课程与课程思政的同向同行[J]. 中国高等教育,2020(Z2):4-6.

[7]张建红. 信息时代高校思想政治教育能力体系研究[J]. 河海大学学报(哲学社会科学版),2022,24(3):1-7,113.

[8]冯刚. 论新时代高校思想政治工作守正创新[J]. 上海交通大学学报(哲学社会科学版),2021,29(5):31-40.

[9]赵继伟. 课程思政建设的原则、目标与方法[J]. 中南民族大学学报(人文社会科学版),2022,42(3):175-180,188.

金融学线上线下混合式课程建设的思路与实践①

摘 要:金融学作为我院金融学专业八门核心课程之一,以一流本科课程为目标,通过线上线下结合、课堂内外结合、教师和学生结合、阅读和练习结合等方式,不断创新教学内容和方式,实现创新性、高阶性和挑战度的有机统一。根据课题团队实际的线上线下教学实践,努力转变教学观念、优化教学方法、更新教学内容,构建了"线上线下"教学体系,并在教学实践过程中总结混合教学模式所面临的问题,为优化学生在线学习效果提供依据,最终形成以学生为中心、以教学实践为重点及关注学生自主学习过程的理念,为打造市属院校专业基础课程线上线下混合式"金课"而努力。

关键词:课程建设,线上线下,混合式教学改革,MOOC 平台

一、课程建设的落地效果

经过一个周期的课程建设和教学探索,金融学教学团队取得了较为理想的教学成果。

首先,金融学课程慕课(MOOC)视频已经录制上线,用于学生在课前完成授课教师发布的预习任务(见图 1)。同学们也可利用评论区域对课程任务进行留言,授课老师充分了解同学们的疑问后,在讲授新课的时候会统一答疑解惑。比如,在货币创造部分的授课中,很多同学通过评论反映这部分货币乘数的计算存在难点,那么教师在课堂上就会重新调整课程计划,细化该部分的讲解

① 本文获首都经济贸易大学 2022 年校级本科课程建设项目(线上线下混合式课程)的支持。
作者简介:李雪,经济学博士,首都经济贸易大学金融学院副教授,研究方向:宏观金融。田东阳,首都经济贸易大学金融学院研究生。

内容,并通过计算机模拟的方法,演示货币乘数受到各因素影响后的动态变化。

图 1　金融学慕课(MOOC)学习场景

　　其次,腾讯会议和智慧教室成为讲授课程的重要平台。在金融学课程计划中,我们在学期中期和特定时段,安排智慧教室的使用,同学们的参与度非常高,大大提高了课堂的活跃程度,课堂互动及课程趣味性得到明显的提升。同学们对于课程的疑问可以立马在课堂上获得解决(见图 2)。当然,新冠肺炎疫情所致,上学期的金融学授课基本都是线上进行的,老师们会通过腾讯会议投票等功能,在线实时进行相关案例的问题互动,同时通过班级微信群组发布与金融学相关的最新资讯,激发同学们对学习金融的热情。

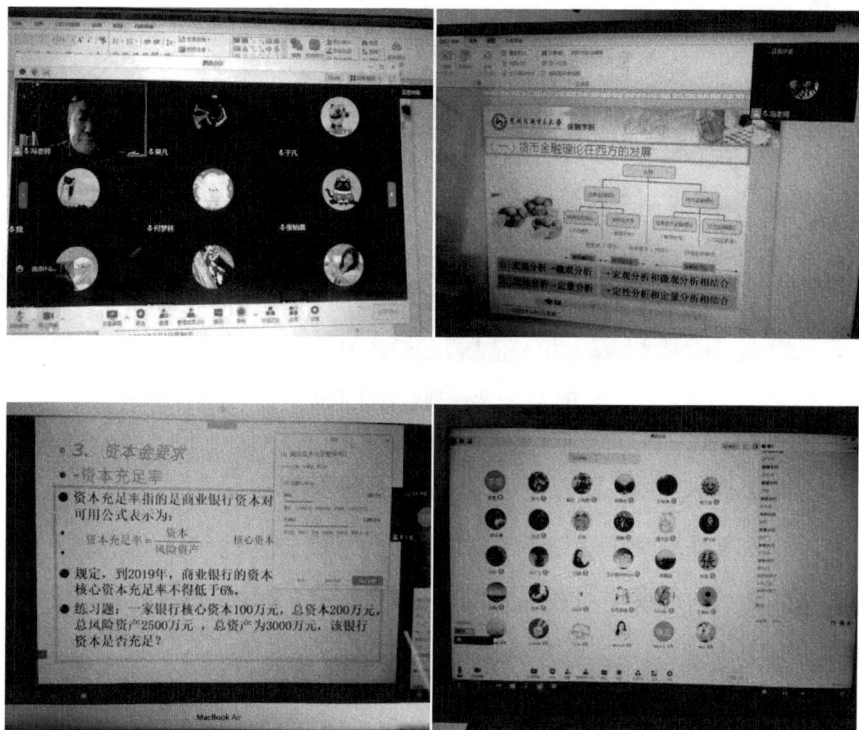

图 2　金融学课程腾讯会议和智慧教室的授课情景

再次,我们在一个二学位班级实验了新的考勤制度,即:预习课程占 20%,课堂互动参与占 10%,案例展示占 35%,期末考察占 35%。总体来看,虽然同学们刚开始有一些抱怨,老师也有些许不适应,但是随着课程的开展,同学们逐渐适应,老师也驾轻就熟。最终结果也十分理想,和传统的考勤模式相比,期末综合成绩也有提高。传统班级平均分在 75~80 分,而采用新考勤模式班级的平均分达到 85 分左右。在课程结束后,同学们普遍反映,因为这样的考勤,平时打下了牢固基础,期末复习压力也相应减小了。

最后,老师和助教们组成课后答疑团队,对于一些小的问题,助教们可以在 24 小时内为学生们进行解决。而对于集中反映的疑难问题,助教们将之收集整理起来,由老师在课堂上集中解决(见图 3)。

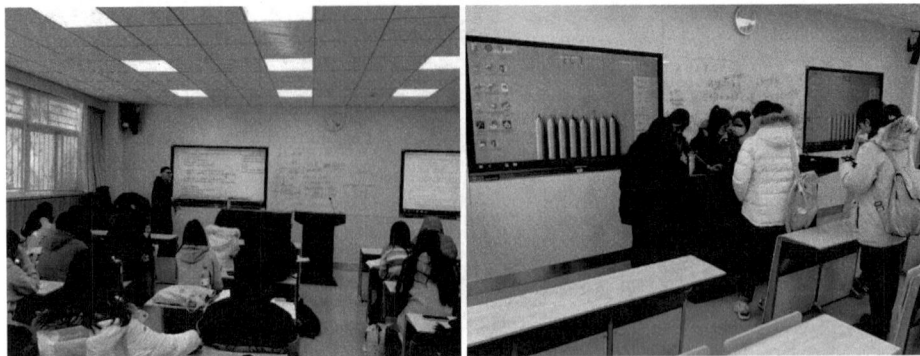

图 3　金融学课程答疑情景

二、线上和线下教学的建设方法与经验总结

金融学作为金融学领域最为重要的基础性课程,对投资学、公司金融、产业金融等细化领域的深度学习起着关键的作用。混合式教学由线上线下两个环节组成,下面将从线上课程的建设、线下课程的创新及混合式教学等方面予以说明。

(一)线上课程的建设

线上课程的建设不能像一般的传统网络课程那样仅是一些简单的课程录制及课程内容上传共享,由学生独立完成课程的学习。这对于那些自律性较差的学生来讲,对他们的学习起到的作用几乎为零。但线上课程也不可能承担所有的教学任务,其更多地起到的是一种帮助学生预习和课后复习,进行知识点串讲的作用。金融学内容较多,课程体系庞大。而慕课(MOOC)的视频模式可将各个琐碎冗杂的知识点,以核心词、关键句等形式高度概括、精炼。课程视频时长一般在 15 分钟以内。这样既可保证内容的完整,也可避免冗长的内容降低学生的接受程度。通过视频,可向学生发布相应的知识点预习问题和课堂任务,能在正式上课前对预习问题的学生答案进行收集整理分析。这样便于老师根据学生的预习情况,准备相应的上课内容。

同时,利用现在的一些课程辅助应用,如课堂派、Kahoot(一款可以实时收集学生问题回答情况的课堂互动软件)等,增加学生和老师的课堂互动,使得学生能够了解老师的进度，老师也更了解学生的接受情况。如今，几乎每个学生手中都有手机、电脑等电子设备，堵不如疏，可让这些设备变成学生上课的辅助工具。这就涉及线下课程的创新，我们将在下面内容中进行阐述。

(二)线下课程的创新

线下课程依然是金融学学习的重要渠道。为打破原有的老师讲、学生记、下课留作业的传统模式，我们可借鉴国外大学的上课方式。首先，老师根据事先收集到的预习情况，在正式讲授课程前，提出课程计划，如通过这节课学生应该掌握什么，课后有什么样的任务等。利用各种群组社交软件，老师在课堂教学中适时向同学发布一些随堂选择题，利用软件的实时收集功能，根据选项的分布情况老师可以了解学生们对知识点的掌握程度。

关于课后，老师提供主题或案例，要求学生以个人或者小组为单位进行讨论研究，并在下堂课随意抽取学生进行课堂展示，以检查学生课后的掌握和运用情况。授课老师还可结合时事变化，不断更新课堂教学内容，以保证学生随时掌握前沿的金融学资讯与知识。课程组授课教师们还尝试在相应班级增加月考式小测试，如一个章节或一个专题结束之后考试，时间尽量控制在 20～30 分钟。这不仅有利于高效完成当月教学进度，对于学生巩固之前的知识点也能够起到一定的作用。

(三)混合式教学的具体实践总结

混合式教学就是将线上和线下模式结合起来，形成一种"线上–线下–线上"的教学模式。

课程初，老师可安排同学们观看金融学慕课(MOOC)15 分钟的精要视频，并进行预习与提问。利用微信问卷星小程序，对同学的预习情况进行检查，并获知同学们相应的预习情况。当然慕课中的视频评论功能也可以作为收集情况的一个平台。

在线下课程阶段，老师可通过社交软件与学生保持互动，随时掌握学生的学习状态。根据统计，老师可以知晓学生们的掌握情况，进而改变讲课节奏，以保证学生知识接受程度的最大化。另外，学生以个人或小组为单位展示自制的 PPT，利用他们对所学知识的理解，分析相关案例或主题以进行相应的学术训练,老师也会在学生的展示中有所得。另外,月考形式的随堂测验也保证了学生在课堂上的注意力集中程度。

最后,可以发挥线上课程的复习功能,学生们通过教师之前发布的知识点串讲视频进行回顾。对于新发现或未解决的问题,还可通过评论、课堂微信群以及答疑课堂得到老师的讲解。通过"线上–线下–线上"的方式,学生们对知识的掌握,在一级一级的查漏补缺中得到夯实。

在混合式教学的实施中,我们打破了传统的成绩考核形式,对成绩考核的比重进行细化,其中,课程预习占20%,课堂互动占10%,案例展示占35%,期末考察占35%。通过多层次的考核,老师可省去对出勤的考察,反而提高了课堂的出勤率。同学们也因为各种考核比重的优化而提升了对课程的关注和参与程度。同样,通过细化,期末考察的比重大幅降低,同学们对于挂科的恐惧自然也有所降低。多重的考核方式看似繁琐,但提升了课程的教学质量,同学们在平时便会获得较高的成绩。虽然期末考察比重降低,但是平时的知识掌握较为牢固,在期末自然会获得一个相对理想的成绩。

三、课程改革评价与示范作用发挥

(一)创新性

金融学课程的特色和创新是不断丰富教学资源,拓展教学空间,提高学生课程参与度,让学生"忙起来"。具体来说,有以下几点:

1. 线上与线下相结合,丰富教学资源

利用国家级精品资源共享课及大型在线开放课程建设的线上视频、习题、讨论等资源,在课程教学的同时,让学生充分利用线下资源强化学习,改变传统教学模式对课堂的高度依赖。

2. 课堂内外相结合,扩展教学空间

教师利用课堂上的有限时间,重点帮助学生构建知识体系,帮助学生形成系统思维;课堂外则让学生"动起来",主动学习、练习、阅读,扩大课程信息量。

3. 师生多维度参与课程,让学生"动起来"

通过参与课堂听讲、课堂提问,提高学生课堂学习效率;通过课后线上学习、线上答疑、线上练习,让学生课后"动起来"。课堂上,教师和学生直接交流,答疑解惑；课后，教师通过线上资源和学生充分互动，继续指导学生。最终，教师和学生课程参与度都大大提高。

4. 阅读和练习相结合，让学生"忙起来"

配合课程教学内容，教师在每个章节后都会布置大量的练习作业和阅读材料。练习作业可以巩固学生对基本知识的掌握，中英文阅读材料则可以拓展学生的知识面和视野，帮助学生更高地从国际、宏观层面审视金融问题。

(二)课程评价及改革等情况

为了与国际教育顺利衔接，同时兼顾国内深造、研究等目标，课程精准打造线上慕课体系，逐步完成中英文配套线上课程建设，改变传统教学模式对课堂的高度依赖。线上课程知识点覆盖全面、逻辑清晰有层次、视角新颖引人入胜，配以完备的教材、讲义、习题、案例、题库、答疑等，建立起多角度、多层次的网络教学环境。同时，线下教学加强互动、案例分析等教学模式，以问题为导向，引导学生构建自己的知识体系和思维模式。

另外，通过创新教学方式，全力打造金课，探索"线上线下"混合教学方式，提高学生对课程学习的参与度。继续将课堂教学与课后互动相结合，让学生在课后"忙起来"。学生100%参与，线上线下授课教学效果突出，课堂教学的学生到课率、抬头率、前排率显著提升。

(三)示范作用发挥

吴岩司长提出"建设中国金课"，目的是提升学生能力，特别是培养学生独立思考的能力。高校也应对大学生合理增负，以提升大学生的社会竞争力。合理增加大学本科课程难度，拓展课程深度，扩大课程的可选择性，可以激发学生的学习动力和专业志趣。我们的金融学混合式金课建设，很好地响应了这一点要求，在提高教育质量的同时，也让学生明确"好"的成绩要通过自己的努力获得。学生在自学的过程中，按自己所需获取相应知识，而课堂展示也可极大激发同学们的兴趣和创新能力。这样的课程改革，不仅能让课程内容紧跟金融学科发展前沿、金融形势的发展变化以及教学改革、人才培养需要，及时更新、充实教学内容还能让学生们"忙起来"，培养他们日后的工作能力。

四、主要问题与进一步思考

(一)课程建设过程中的问题

(1)突然改变传统成绩评价模式,同学们难免一时有些不适应。同时,课业压力加大,学生中也会有一些反对的声音,但是总体来说,进行得还比较顺利。

(2)实行这种混合式教学,40人以内的小班效果更佳。若班级人数过多,因为时间的限制,一些设置的效果达不到最大化,如不能做到所有人都有机会进行PPT展示。

(3)视频的制作。如何结合学生的实际情况,把最关键的信息以最合适的录制方式传达给学生,这是我们需要继续完善的。

(4)关于成绩的考评。目前的比重分配是否适合,若要将对学生影响最深环节的比重调高,但哪个环节对同学影响最深仍是我们需要继续探索的问题。

(5)课时的限制。因为课堂教学形式丰富,所以教学进度相较以往有些缓慢,上课时间难免有些不足。

(二)思考下一步工作思路

打破传统本来就是一件不容易的事情,同学们接受还是需要有一定的过程。虽然制定了新的考核模式,但总体上是在给同学们增负,但同学们还是积极完成了课堂任务。事实证明,课程改革效果是显著的。无论从最后的考试成绩,还是同学们的积极反馈看,都比较支持这样的课程改革。

一万小时定律告诉人们应该不断练习,才能成为某个领域的专家。而心理学家艾利克森在其《刻意练习》一书中对一万小时定律提出质疑,认为精英是可以通过正确的方法训练出来的,但不应该漫无目的地持续练习,而是在发现问题后,针对问题进行持续的训练。混合式教学模式的课程设置安排也受到了艾利克森教授的启发。在预习过程中,同学们自己发现问题,甚至老师们帮助学生们发现问题,学生们带着问题进入课堂,通过老师的讲解解决问题。对于新发现的问题,老师在课上课下解答。这种模式使得学生在无形中养成了自己寻求问题、解决问题的好习惯,大大提升了未来的社会竞争力。教育改革是必要的。时代在进步,新的科技不断进入生活,改变传统的教育方式,让科学技术进入教育,利用科技的力量提升教育水平和质量,这是时代的要求。

在下一步的课程建设中,我们会继续解决问题,比如视频的完善以及成绩考评问题(包括考勤模式在其他课堂进行推广)。当然,我们也会考虑请校外专家进行旁听,通过学生和专家的反馈,改进课程建设方案。更为重要的是,我们需要建设有中国特色的金融学教材,借鉴国际主流金融学教科书,开发将金融学理论与中国金融实践紧密结合、将金融研究与金融教育紧密结合的金融学教科书。同时,不断更新课程配套教材、案例集及习题册。

混合式教学改革、探索金课建设,是虽刚刚起步但刻不容缓的事情。本课程组的金融学混合式教学改革,仅是一次小小的尝试。但课程建设中依然存在的未知问题需要我们共同探索,寻求更加完美的解决路径,不断帮助学生提升知识水平,提高自学能力,激发创新潜能,为建设人才强国而共同努力。

参考文献:

[1]杨捷,闫羽. 当前我国一流本科课程建设研究的计量分析与展望[J]. 中国大学教学,2022(5):2,4-12,22.

[2]张寅冬,石宁,徐光顺. 后疫情时期的金课改革:以金融数学 SPOC 混合式教学改革为例[J]. 时代经贸,2020(20):92-95.

[3]李政辉,孙静. 我国混合式教学的运行模式与对策研究:以中国财经慕课联盟 44 所高校为对象[J]. 中国大学教学,2022(Z1):88-95.

金融本科毕业论文选题的"重""清""新"原则

廉永辉

摘　要：毕业论文（毕业设计）是本科专业教学的重要环节,也是本科专业教学质量的重要组成部分。选题决定了毕业论文质量,选题失败则论文必然失败。合格的论文题目应同时满足"重"和"清"两个原则,而优秀论文在此基础上还应满足"新"的原则。

关键词：毕业论文,选题,原则

一、引言

毕业论文（毕业设计）是本科专业教学的重要环节,也是本科专业教学质量的重要组成部分。2018 年,教育部印发《关于加快建设高水平本科教育,全面提高人才培养能力的意见》,其中明确提到"加强对毕业设计（论文）选题、开题、答辩等环节的全过程管理,对形式、内容、难度进行严格监控,提高毕业设计（论文）质量"。毕业论文（毕业设计）是本科学生综合能力的最终体现。通过撰写毕业论文,可以考查学生是否比较系统地掌握了本专业必需的基础理论、基本知识,是否掌握了本专业必要的基本技能、方法和相关知识,以及是否具有从事本专业实际工作和研究工作的初步能力。可见,毕业论文是人才培养的一个重要环节。与其他课程学习一样,学生要认真对待毕业论文环节的学习,自觉保持良好的学风,保证教学计划的实现质量。与此同时,高校也要规范本科生学位论文工作,加强对毕业论文的指导和学风建设,引导学生做好毕业论文。

然而,现实中部分本科毕业论文（毕业设计）的质量堪忧。指导论文过程

作者简介：廉永辉,首都经济贸易大学金融学院副教授。

中,就学生的表现来看,部分学生消极对待毕业论文,不听安排的情况屡有发生;就最终呈现的论文水平看,重复高、内容差、格式乱的例子不在少数。本文不打算对导致论文质量下滑的所有因素逐一分析,而是重点关注论文选题这一关键环节中存在的问题。笔者认为,选题决定论文质量,选题失败则论文必然失败。合格的论文题目应同时满足"重"和"清"两个原则,而优秀论文在此基础上还应满足"新"的原则。

二、本科毕业论文选题的重要性原则

"重"即重要性,要求学生选择有价值、有意义的题目。2019年3月4日,习近平总书记在参加全国政协十三届二次会议文化艺术界、社会科学界委员联组会的讲话中提到:"古人讲:'文章合为时而著,歌诗合为事而作',所谓'为时''为事',就是要发时代之先声,在时代发展中有所作为。"对于本科毕业论文来说,如果题目能够与时事相结合,那么重要性就有了保证。反之,如果所研究的主题是陈旧的,与时代脱节,那么重要性就会大打折扣。相比之下,如果题目中包含"资管新规""宏观审慎监管""金融科技""系统性风险"等社会各界密切关注的概念,从某种程度上看,论文的重要性就得到了保证。

当然,重要的题目未必是"追热点"的题目,一些传统的重要话题仍然可以作为金融本科毕业论文题目,例如"银行竞争对货币政策传导效率的影响研究""产融结合对企业投资效率的影响研究""社会责任对企业融资约束的影响研究"。虽然这些题目中涉及的问题并不是近年社会各界关注热点的问题,但却是长久以来学术研究试图回答但未有统一结论的问题,并且问题的答案可能随着时代的发展而发生变化。这类题目的重要性稍逊于前面与当下现实密切关联的题目,但可以通过更新的理论、更新的方法、更新的数据来得到具有时代特征的新答案。

三、本科毕业论文选题的清晰性原则

"清"即清晰性,要求选题选择可检验、可证伪的命题或预设,其中涉及的关键概念应该能够清晰界定和度量。写论文,就是要研究事物之间的规律,用数学的语言表示为

$$Y=f(X, other\ variable)+\varepsilon$$

其中,Y 是被解释变量,X 是解释变量,*other variable* 是控制变量,ε 是扰动项(误差项)。而规律就主要体现为 f,也就是反映 X 与 Y 关系的函数。

对于绝大多数金融本科学位论文来说,其主要工作就是基于变量 X 的数据和变量 Y 的数据,通过回归方法或其他计量方法,来拟合出来函数 f,或者说从数据中发掘 X 与 Y 之间的关系。显然,如果无法清晰界定 X 和 Y,那么就无法准确度量 X 和 Y,自然也就无法发掘二者关系。

可见,清晰界定论文的核心概念、准确度量论文的主要变量,是论文具有可行性的关键。很多失败的选题败在 X 或 Y 不能清晰界定上,其中又可以分为两类:一类是诸如"房价的影响因素研究""人口老龄化的经济后果"这种题目。事物之间或多或少地总是存在关联性,一件事物的影响因素理论上是无穷多的。例如,人口因素、政策因素、货币因素、心理因素等诸多因素交织在一起,共同影响了房价的涨跌,那么"房价的影响因素研究"这个题目到底要研究哪个因素对房价的影响呢? 学生可能辩解说:我就是想全面揭示我国房价的影响因素,并且比较一下各类因素对于房价影响的相对重要性。实际上,写学术论文不求全面但求深入,不可面面俱到、浅尝辄止,而要集中精力、重点突破。因此,应该将 X 进行精炼,集中到某一方面因素乃至某一个变量上。例如,选择研究"货币政策对房价的影响研究""人口结构对房价的影响研究",就要比前述题目更清晰。

另外,诸如"天气风险对企业投资的影响研究"这一类题目,乍一看没有问题,但一旦深入进行下去,会发现其中的 X 无法度量。事实上,一些学者尝试开发天气风险指数,但这需要海量的地理数据和天气数据,对于本科生来说,这基本上不具有可行性。因此,同样的题目,对于高级研究者来说,其中的变量能够清晰度量因而具有可行性,但对于初级研究者可能就没有可行性。

四、本科毕业论文选题的新颖性原则

一篇金融本科毕业论文选题兼具顾"重"和"清",那么基本上可以说是成功的。如果论文在"重"和"清"之外还有"新"这一特征,那么选题的质量将更上一层楼。所谓"新",是指论文有新意,对既有研究形成了边际创新或边际贡献。这一点对于很多高级研究人员来说都很困难,强求本科生一定要有新意自然是不现实的。但是,只要措施得当,论文中也可以作出一点边际创新。一般规范的金融实证论文,必然会涉及模型设定、变量度量、样本选择和估计方法等技术细节,这其中的每一个方面,都存在创新的可能性:模型设定比既有文献可更为灵活、估计方法比既有文献可更为精细、变量度量比既有论文可更为准确、样本选择比既有论文可更大更新。其中,样本方面的创新是最为容易的,因为今天可以获取昨天的人们所无法获得的数据。例如,前人基于2007—2018年A股2 400家上市公司研究了企业社会责任对其融资约束的影响,今天则可以参考这类论文,使样本变成更大、更新的2007—2021年A股4 000家上市公司的数据,由此得到的结论自然更具有普适性。

在选题和写作过程中,需要防范对既有研究形成"负的边际贡献",这往往是题目"自我设限"所致。常见的自我设限包括:在论文主标题后加入副标题,将研究样本限制到某个地区、某个行业、某段时间。这种做法相当于主动删掉了很多观测值,丢弃了很多有用的信息,基于剩下的有限的观测值和残余的信息来推测事物之间的规律是一种懒惰的行为。因为人们不会关心你的研究兴趣,只关心事物之间存在的规律。

大学慕课教学效果提升研究①

梁万泉

摘 要:财经类大学慕课教学已经成为新形势下线上教学的一股潮流,但是慕课的教学效果有待于进一步提高,本文针对慕课教学中存在的问题,提出了具体的改进措施。

关键词:慕课,教学效果,对策

一、财经类大学慕课的发展现状

在"互联网+"的背景下,网络信息技术的普及直接影响了教学环境的变化,慕课(MOOC)引入课堂成为教学改革的一种创新。通过慕课,可以将线上线下教学相结合,从而打破传统授课的时空局限,建立起师生沟通的桥梁,但也给教师的教学方式、课程内容等带来新的巨大挑战。特别是近年的新冠肺炎疫情,把大学慕课的应用推向了新高度,整合大学课堂教学和信息手段的运用,提升慕课教学效果已引起国内外教育界的广泛关注,成为高校教学改革的重点。

截至 2020 年初,中国大学 MOOC 平台与 613 所高校合作推出了 12 类共5 461门免费课程和六类升学、择业或终身学习的收费课程。大多数财经院校都积极推出慕课课程,在中国大学 MOOC 平台免费开放。首都经济贸易大学在慕课建设中走在了前列,目前为止,仅金融学院就建设了 12 门大学慕课,其中很多慕课已使用了 2 年以上。通过慕课教学平台的教学实践,在面对紧急情况时也不会停课,最大程度上减少学生在特殊情况不能走进教室学习的损失。学生还可以利用课余时间掌握自己专业知识以外的技能,学习感兴趣的课程,培养

---

① 本文受 2022 年首都经济贸易大学校内教改立项——财经类大学慕课教学效果提升研究资助。作者简介:梁万泉,首都经济贸易大学副教授,主要讲授商业银行经营管理等课程。

自己的人生观、价值观,使学习具有自主性、多元性、创新性。慕课教学已经成为疫情下的一股潮流。

二、财经类大学慕课教学存在的主要问题

在"互联网+"背景下,慕课可以进行将线上线下教学相结合,从而打破传统授课的时空局限,建立起师生沟通的桥梁,但也给教师的教学方式、学生的学习方式以及平台的承载能力带来了巨大的挑战,主要面临以下三个方面的问题。

(一)慕课背景下教师角色如何转换

慕课应用到教学中以后,课堂教学和慕课运用如何结合依然是重中之重。慕课背景下,教师的角色发生了转变,教师角色从知识的传授者转变为设计者、引导者、管理者和辅助者,从单一角色转向多重角色。教学设计多维化,教学评价多元化、过程化,单向的师生交互转为多向交互,管理多维化。由此可见,慕课的线上教学模式对于教师是新的挑战。首先要解决的是互动难题,师生互动在线下教学时比较容易,而线上教学中,师生互动相对比较困难。与此同时,线上学习相对于线下学习,教师对于课程的调控力低。MOOC 作为社会学习的平台,经常会出现课程的参加人数多、结业人数少的现象。针对这一现象,教师如何加强对学生的引导和监督,如何在讨论区发起话题进行团体讨论,如何对学生的回答给予及时的评价及补充,如何引导学生从被动学习到主动学习逐步转变,都是亟待解决的问题。

(二)慕课背景下,如何提高大学生自主学习的能动性

线上学习存在一个很大的弊端,就是对学生自主学习能力要求很高,学生对于线上学习也有一个逐渐适应的过程。线上学习缺少学校的学习氛围,自制力较差的学生没有了教师的约束,注意力容易分散,学习状态较差、效率不高。尤其是网络环境下,娱乐类信息较多,容易分散学生精力。在传统的线下课堂教学模式下,教师对课堂教学掌控力度较大,就算学生的自主学习能力不强,在教师的管控下也能够完整地听下来。而线上学习则不同,教师无法对学生的学习过程有效管控,因此学习自觉性不强的学生很容易逃避学习。学生自我管理与学习能力的不足,大量纷杂的信息使得学生不够重视课堂内容,因此对于散漫的学生如何引导,成为慕课效果提升的重要课题。

（三）慕课教学平台需要不断完善

我校的主要慕课平台为中国大学 MOOC 网,经过两年多的教学实践,结合与其他平台的对比发现至少存在以下几类问题:缺少后台学习时间检测系统,没有学习习惯分要求,不要求学生每日进行规律的学习,不注重学生学习的过程。

三、财经类大学慕课效果提升解决方案

针对大学慕课存在的问题,建议从以下三方面进行改进。

(一)教师角色转换方面

慕课教学分为课前、课中、课后三部分。课前部分,教师可以给学生推荐合适的在线教学平台,如中国大学 MOOC、国家精品课程在线学习平台,充分利用网上教学资源,让学生可以提前学习课程内容,向教学名师学习相关知识点,加强预习效果。同时,教师可以利用相关平台给学生发布学习任务,从而让同学们在预习的过程中有所侧重。课堂上,可以采用以问题引导讨论式教学模式,每个班级可以尝试分组,教师通过推送问题,将问题任务分配下去,每个小组选一个小组长,各小组利用网络平台对问题进行探讨。初期,会有个别学生不愿意参与讨论,对此可以尝试利用 MOOC 提供课程内容导入、问题提示等,激发学生的学习兴趣,让学生主动参与课程教学。之后,让每个小组选一个代表来对问题的讨论结果进行阐述,教师最后进行总结,并与本节课程内容结合,加强学生对相关知识点的理解。此外,教师应在课堂上利用线上资源再次给学生推荐相关 MOOC,并通过微信、QQ 等通用软件布置作业,让同学们在课下继续学习巩固。课后,教师应建立完善的评价体系,对每一节内容,教师都可以创建相关的测试题目,并设置作业提交。

(二)学生角色转换方面

一方面,学生要提高自己主动学习的积极性,加强自我学习管理。另一方面,学校应鼓励学生举报相关付费刷课网站、QQ 群、微信群等,联合相关机构严厉打击幕后操控者。建议学校、学院对涉事违规学生从重处理,如取消成绩、检讨、通报、取消评奖评优资格等,治标并治本。解决这些行为或组织的根本措施还是立法,通过法律严惩违规者,通过政策鼓励诚信者,这才能建设良好的慕课

教育生态环境。

（三）平台改进方面

目前我校主要的慕课教学平台为中国大学 MOOC。通过对比其他平台，如果发现其存在不足和缺陷，可提出优化方案，以更好地提升慕课教学效果。在防作弊方面，由于慕课学习终端在手机和电脑，假如不对终端设备进行检测和监督，慕课账号就可以在随意一台设备上登录，导致不能有效核实学生身份，给代刷、代考人员可乘之机。目前，可以从技术上改善慕课的考核监督方式，如采用指纹录入、人脸识别、监测 IP 来源等方式进一步减少慕课代考代刷现象。特别是人脸识别，倘若结合人工智能技术，可以最大限度地保证考试者是学生本人。在学习状态反馈方面，中国大学 MOOC 没有学习习惯分要求，无法严格要求用户个人线上学习的状态、是否及时反馈等。平台不需教师统计便可自动显示未提交作业的学生名单，更为便捷。在学习评价方面，中国大学 MOOC 虽然已经做到综合化、多样化，但也存在诸多缺陷。此外，互动系统和评价机制也有很多需要改进的地方。在慕课的录制中，应当加强课程创新和特色建设，"大数据""人工智能"等现代信息技术与慕课的深度融合是慕课建设和发展必不可少的过程。在这个融合的过程中，需要熟悉互联网下人机交互、人人交互环境，抓住信息时代学习者的审美观念、思维模式、接受心理等方面的特征，注重对慕课在教学实践中的测评和数据分析，充分利用数据挖掘技术分析教师教学行为和学生学习行为轨迹，最终促进"互联网+"教育快速普及，有效解决我国教育资源分配不均的问题，从而使我国科教兴国的战略实现跨越式发展。

参考文献：

　　[1]欧阳康,张梦,赵贝斯特. 慕课教育教学和知识传播研究：以"哲学,文化与人生智慧"慕课为例[J]. 中国大学教学,2020(11).

　　[2]杨荣泰,等. 高校慕课教学效果的统计分析[J]. 计算机教育,2020(1).

　　[3]章洵慕. 课教学平台建设视角下学生学习意愿研究[J]. 经济师,2020(8).

高校金融专业全英课程与课程思政融合的教改思路

刘剑蕾

摘　要:经济全球化对高校人才培养模式提出了新的要求。在"双一流"建设的大背景下,全英语课程体系建设是培养具有国际竞争力高素质人才的重要举措,但实践中全英文专业课常常是课程思政建设的洼地。高校思想政治理论课担负对大学生进行世界观、人生观、价值观、道德观和法治观教育的重任,是大学生思想政治教育的主渠道,因此,高校在培养全球化人才时,及时准确地融入思政课程的相关内容对于大学生能否成长为中国特色社会主义事业的合格建设者和可靠接班人,具有十分重要的作用。本文探索了高等学校全英课程与课程思政融合教学新模式,以求更好地落实立德树人的根本任务和要求。

关键词:全英课程,金融专业,课程思政

一、开展全英教学的背景和意义

习近平总书记在党的十九大报告中指出,要推动形成全面开放新格局,要以"一带一路"建设为重点,坚持引进来和走出去并重,遵循共商共建共享原则,加强创新能力开放合作,形成陆海内外联动、东西双向互济的开放格局。这一战略的推进乃至全面开放新格局的形成都离不开高素质的国际化人才队伍,特别是国际化金融人才。

在经济金融一体化的今天,中国的资本市场不断开放,对于中国而言,既是机遇也面临挑战。在改革发展的关键阶段,我国各领域的深入发展存在与国际合作交流的需要,提高教育质量和培养国际化创新人才的重要性和紧迫性日益

作者简介:刘剑蕾,经济学博士,首都经济贸易大学金融学院副教授。

凸显。目前,熟悉和掌握国际金融操作规则以及有扎实专业理论功底和复合知识结构的高端金融人才是我国急需的。因此,全英文教学成了中国高校人才培养模式改革的一个重要组成部分,推行全英语教学,使用英文原版教材,培养适应国际金融竞争、熟悉国际金融市场运行规律的高端金融人才。这项改革是中国高等教育与国际接轨、适应教育国际化的重大举措,具有历史和现实意义。

(一)帮助学生紧跟时代前沿

全英语教学采用的主要是经典的英文原版教材。这些经典教材知识体系完善,案例丰富,与时俱进。使用原版的英文教材,不仅能让学生掌握学科的专业术语,同时还让学生们充分学习掌握学科发展的脉络和进程,并及时了解学科最新成果和进展。使用原版教材教学,可以更新专业知识,拓宽专业视野,提高学术研究能力。

(二)帮助学生了解国际金融市场

实行全英语教学的主旨在于培养熟悉国际金融市场运行规律的高端金融人才,而熟悉国际金融市场运行规律是实现这一目标的重要手段。使用和讲授原版英文教材,可以快速帮助学生全方位了解国际金融市场的运行规律,为将来学生们的进一步深造或工作打下坚实的基础。

(三)帮助学生营造全英思考环境

在缺乏语言环境的情况下学习英语是广大学生面临的一个困难,全英语教学可以给学生营造一个全英文环境,让学生使用英语思考问题、解决问题,培养学生英语听力及语感,切实提高学生的表达能力。全英文教学,可营造与国际接轨的高素质应用型人才培养环境,逐步培养适应国际金融竞争的高端金融人才。

二、全英专业课与课程思政相融合的重要性

随着改革开放的深入发展,我国同世界的联系更趋紧密,相互影响更加深刻,意识形态领域面临的形势也更加复杂。党中央对教育工作高度重视,对思想政治工作、意识形态工作高度重视,我国始终坚持马克思主义指导地位,大力推进中国特色社会主义学科体系建设,为思政课建设提供了根本保证。长期以来形成的一系列规律性认识和成功经验,为思政课建设守正创新提供了重要基础。中华民族几千年来形成了博大精深的优秀传统文化,我党带领人民在革命、建设、改革过程中锻造的革命文化和社会主义先进文化,为思政课建设提供了深厚的精神力量。

学校是意识形态工作的前沿阵地,不是象牙塔,也非桃花源。办好思想政治理论课,就是要开展马克思主义理论教育,用习近平新时代中国特色社会主义思想铸魂育人,引导学生增强中国特色社会主义道路自信、理论自信、制度自信、文化自信,厚植爱国主义情怀,把爱国情、强国志、报国行自觉融入坚持和发展中国特色社会主义、建设社会主义现代化强国、实现中华民族伟大复兴的奋斗之中。习近平总书记立足于实现"两个一百年"奋斗目标,立志于中华民族千秋伟业,强调办好思政课的深远意义就在于"必须培养一代又一代拥护中国共产党领导和我国社会主义制度、立志为中国特色社会主义事业奋斗终身的有用人才"。思政课就是落实立德树人根本任务的关键课程。立德树人是教育的根本任务,课程建设最重要的是其思想性,而语言仅仅是一个载体。新时代大学生不仅要有过硬的专业素养,更要树立正确的社会主义核心价值观。因此,高校亟须提升课程思政的建设水平,将思政元素融入全英文专业课的讲授过程中,实现显性教育与隐性教育相统一。

思政课是对高校学生进行思想政治教育的主渠道,是帮助大学生树立正确世界观、人生观、价值观的重要途径。思政课与专业教育相融合,就是要在专业课的教学上根据专业知识和专业技能,适当、生动地融入思政课教学内容,在释疑解惑中唤起学生学习的积极性和主动性,促进学生自主学习、自我教育、自我管理,使学生以科学的态度对待思政课,以积极的态度获得专业发展。高校金融专业课程与思政课程二者有机融合,对提高专业教学效果和人才培养都具有重要的意义。思政课是专业理论学习、技能培养以及提高专业核心能力与素养的思想辅导课,二者有机融合有利于引导学生结合所学与所长,思考自身面对的思想道德和法律问题、国家方针政策以及与专业相关的"形势与政策",使学生在思政课学习中获得更多教益。

三、全英文专业课融合思政课程的挑战

价值塑造、知识传授和能力培养是教书育人的根本目的,只有在专业课程教学中融入课程思政,才能将上述三大要求融为一体。由于全英文专业课程的特殊性,要实现课程思政建设面临更多的挑战。

(一)教学语言的局限性

目前,全英文专业课使用的教材和配套资源多为外文原版,尤其在金融专业这类国际化程度较高的学科当中,使用原版教材能更加原汁原味地学习专业理论知识。但是,这些教材往往立足于西方国家的法律、文化和制度背景,重点讨论国外的案例和规范。因此,在教学过程中难以提升学生对中国特色社会主义的政治认同,甚至可能引起学生在价值观、人生观和世界观上的偏差。

(二)教师队伍的不足

全英文专业授课对教师提出了更高的要求,教师们不仅需要具备扎实的专业背景,还需要能够熟练驾驭语言。全英文授课中加入课程思政的教学,要求教师们对中国的国情和历史都有较为深刻的理解。只有对中国国情有充分的了解,才能对思政教学的重要性有足够的认识,才能把握课程思政教学的方向。但能同时满足以上要求的教师较少,数量缺口仍然较大。

四、课程思政与金融专业全英课融合的实现路径

正如习近平总书记在中共中央政治局第三十次集体学习时所强调的,要加快构建中国话语和中国叙事体系,用中国理论阐释中国实践,用中国实践升华中国理论,打造融通中外的新概念、新范畴、新表述,更加充分、鲜明地展现中国故事及其背后的思想力量和精神力量。这无疑对全英文专业课的课程思政教学提出了更高的要求。用英文讲好中国故事,传播好中国声音,展示真实、立体、全面的中国,能进一步加强和改进我国的国际传播工作,提高中国话语说服力和国际舆论引导力,实现"走出去"的目标。与思政课程相结合的金融专业全英文教学改革,具体可以从以下几个方面进行。

(一)有机融合专业培养目标和思政课教学目标

高校教育最根本的就是专业素质和职业能力的培养。因此,构建与专业相

结合的思想政治理论课教学目标,将金融专业大学生的专业方向、成才目标、个人生活学习良性结合,使思政课的教学目标与学生的个人所需相互吻合。同时,促进学生积极主动地将我国特色社会主义事业与国际金融发展大背景相结合,在思想政治理论课教学教育的过程之中,自觉接受思想政治理论课的教育,提高其思想政治素质,进而提高就业竞争力。

(二)重视专业+课程思政教学团队的建设

一个高水平、高素质的教学团队对于提高全英文专业课的教学质量可起到决定性作用。在加强专业教学的基础上,提升全体教师的思想素质显得尤为重要。要定期组织教师学习国家大政方针,不断加强政治宣讲和师德师风建设。在金融专业领域中,教师们应该依据自己的专业特长,积极思考在教学中如何自然且适当地融入课程思政的相关内容,引导学生成为用英文讲好中国故事的高端人才。

(三)丰富全英文专业课的教学手段

在数字化和多样化教学的背景下,只有不断丰富教学手段,才能使思政课程更好地与专业课程相融合。在教学手段上,可以采用"慕课""反转课堂"等多种教学手段,让专业课程的学习兼具趣味性和可视性。同时,可在专业课堂中加入经典红色金融案例分析环节,将课程思政融入一个个幽默的经典故事、精彩纷呈的视频内容与特点鲜明的案例分析之中,通过深入的分析和探讨,提升学生的学习兴趣和效能,从而从根本上实现立德树人的教学要求。

参考文献:

[1]习近平在全国高校思想政治工作会议上强调把思想政治工作贯穿教育教学全过程,开创我国高等教育事业发展新局面[N].人民日报,2016-12-09(1).

[2]习近平.思政课是落实立德树人根本任务的关键课程[J].求是,2020(17).

[3]许志,谢成博.全英文专业课课程思政建设初探:以"公司金融"为例

［J］．中国大学教学，2021(10)．

　　［4］王灵芝，艾蔚，徐吟川．对高校金融专业全英课程体系建设的思考与探讨［J］．湖北函授大学学报，2015(28)．

　　［5］陈少珍．经贸类高职院校思政课与专业结合教改的研究［J］．教学实践研究，2016(10)．

谈自由教育和通识教育对当代高等
教育人才培养的启示

刘妍芳

摘　要：自由教育致力于人的精神和心灵自由，通识教育源于自由教育，强调人的全面发展。我国高等教育应该吸收人类文明成果，培养具有全球视野、全人类意识和深厚中国底蕴的优秀公民。

关键词：自由教育，通识教育，人才培养

随着人工智能、基因编辑等科学技术的迅速发展以及全球气候变化和能源危机的愈演愈烈，高等教育应该如何服务于人类社会的发展成了一个值得深思的问题。我国高等教育规模不断扩大，高等教育从精英化走向大众化、普及化。高等教育究竟应该培养什么人和如何培养人是现代高等教育机构和从业者必须认真思考的问题。目前，我国各大高校都在进行通识教育改革，实行"大类招生、大类培养"，出现了通选课模式、核心课程模式和实验班模式等。现代社会对技术型人才的需求不断增加，新型人工智能的发展正在对高等教育形成新的冲击，重新思考自由教育和通识教育思想，对当代大学应该培养什么样的人才显得尤为重要。

一、从自由教育到通识教育

自由教育（Liberal Education）也称"博雅教育"。自由教育思想源于古希腊，是致力于人的精神和心灵自由发展的教育哲学，柏拉图、亚里士多德等思想家很早就提出了自由教育思想。亚里士多德在《政治学》中指出："父辈对于诸子应该乐意他们受到一种既非必需亦无实用而毋宁是性属自由、本身内含美善

作者简介：刘妍芳，经济学博士，首都经济贸易大学金融学院副教授。

的教育……事事必求实用是不合于豁达的胸襟和自由的精神的。"亚里士多德认为"自由"是不"卑陋","自由"教育蕴含了美与善,它通过对普遍知识的追求达到理性。古希腊的自由教育适合"自由人",人非自由焉能有自由教育?自由教育培养具有渊博知识和优雅气质的人,让人摆脱庸俗,成就卓越。自由教育解放思想和精神,不是专门化和为就业准备的教育。它开启智慧,训练思维,使人臻于理性,通过自由教育可以培养上层社会的精英。古希腊时代是自由教育繁荣发展的黄金时期。亚里士多德认为适合于自由人教育的科目,包括读写、体育、绘画、音乐和哲学。读写和绘画对人生有用,体育有助于培养人们的勇敢和坚韧。自由教育学科的主要价值是内在的和非功利的,在于开启心智。在自由学科中,亚里士多德最重视和强调的是音乐和哲学,因为它们自由、文雅、高尚,最不实用,最能彰显自由学科的自由精神。亚里士多德提倡的自由教育学科和我国古代的"六艺"有异曲同工之妙,孔子也强调"无用"的学习,比如学习园艺等实用技术不必找他。中世纪,自由教育所倡导的人的价值和理性被封建神学压制。文艺复兴后,自由教育得到复兴,人文学科的学习得到加强。工业革命后,职业和专业教育蓬勃发展,自由教育的人文主义传统遭受冲击。随着现代社会发展对技术型人才需求的增加,高等教育中专业教育日益被重视,教育的实用主义倾向不断加重,于是人们开始重新审视高等教育应该如何培养人、培养什么样的人。

　　有人将自由教育与"通识教育"等同,但笔者认为这两者有联系也有区别。通识教育遵循的是自由教育的传统,重视人文社科知识在思维训练和启迪心智方面的作用,但它更强调的是随着社会进步和发展,人类完整的知识体系对人全面发展的重要性。哈佛大学是美国通识教育的典范,建校以来沿袭了英国牛津、剑桥等大学的自由教育传统,课程内容涵盖知识的各个领域。1828年,耶鲁大学发布《耶鲁学院教学课程报告》(简称《耶鲁报告》),将古典科目的教学与心智的全面训练作为大学教学的主要目的,史称"第一次通识教育运动"。《耶鲁报告》在美国历史上褒贬不一,但不论如何,它体现了美国高等学府在时代变迁时对自由教育传统的维护。耶鲁大学认为,大学为了培养"完整的人"需要有完整的全科学习以对学生进行心灵的"训练"和"装备",博雅教育是专业研究的基础。《耶鲁报告》指出:"大学的目的,不是教导单一的技能,而是提供广博的通识基础;不是造就某一行业的专家,而是培养领导群众的通才。学生从大学所获得的不是零碎的知识,不是职业技术,而是心灵的刺激与拓展,见识的广博与洞明。"教育的目的是塑造"完整的人"。同时,还谈到通识教育与专业教育二者并不矛盾,它们相辅相成,通识教育旨在把学生培养成为一个负责任的人和公民,专业教育旨在培养学生将来从事某种职业所需要的能力。

第二次世界大战后,美国经济的繁荣发展以及大学生人数的大量增加使美国大学进一步反思通识教育问题。哈佛大学通过专门研究于 1945 年发布了《哈佛通识教育红皮书》。根据这份报告,哈佛大学制订了新的通识教育课程计划,其中包括人文学科、自然科学和社会科学三个学科领域的知识。该报告立足美国社会,培养学生包括知识、能力、思维、信念、品德等各方面的公民素养。1945 年的《哈佛通识教育红皮书》是美国高等教育史上里程碑式的著作,它标志着通识教育的彻底美国化。其强调通识教育的重要性,认为通识教育是"塑造美国人政治权利感"以及使"自由社会赖以存在的共同的知识与价值观"的教育。美国通识教育的培养目标,"不是使少数幸运的年轻绅士学会欣赏'美好生活',它是要将自由的和人文的传统灌输到整个教育系统之中,目的是培养美国公民理解自己的责任和利益"。教育的目的在于"培养整全的人……在于培养'好'人、好的公民和有用的人"。

从古希腊的自由教育到美国现代的通识教育,我们看到教育思想与时代的结合,教育思想和国家的结合。不管是古希腊的自由教育还是美国现代的通识教育,我们发现教育任何时候都要适应时代的发展,为国家和社会服务,同时教育又必须推动人自身的发展。自由教育的真谛在于重视人的发展,而作为人最重要的是自由意志、独立思考。亚里士多德认为,政治身份的自由是接受自由教育的基础和前提,只有不被奴役的人才可能接受自由教育。教育家纽曼说过,自由的反面是奴隶,奴隶很少需要或根本不需要心智活动的参与。现代社会不应再存在奴役,所以自由教育的关键是使人的心灵得到自由发展,自由教育应该使人更自由,这种自由是心灵、思想和精神的自由,自由教育应该使人从盲从和权威中解放出来,从而获得理性,达到心灵的自在。就高等教育而言,自由教育最重要的是学术自由。大学之为大学,非大厦也,乃大师也。大师就是学术研究之集大成者。大学是一个学术共同体,师生共聚一堂,进行心智和思想的交流。

二、对现阶段我国高等教育的启示

随着我国高等教育从精英化到普及化,笔者认为高等教育应该多元化发展,不同的大学应该具有自己鲜明的特色。作为研究型的高等教育机构应该加大文理教育的力度,提升学生独立思考能力和批判性思维,在通识教育的基础上进行专业探索;而作为职业培养型的高等教育机构也应该在培养学生专业能力的同时适当增加全科知识。不管哪种类型和何种特色的高等教育机构,都应该重视人的培养,重视学生自由精神和独立思考能力的培养,重视公民意识的培养。

(一)大学是探求真理的地方,是学术殿堂

大学是探讨学问、寻求真理和进行思维训练的场所。在这里,老师之间、师生之间、学生之间自由地进行对话、交流,相互影响,相互学习。大学里良好的学术生态是实现高等教育机构人才培养的前提。

(二)倡导独立精神,重视创新创造,培养批判性思维

大学要给学生提供更多的理智和思维训练空间,发挥他们的想象力、创造力,弘扬他们的理性,以便今后他们在面对纷繁复杂的现实世界时,能够独立思考、理性自在、获得幸福。

(三)培养具有全球视野、全人类意识和深厚中国底蕴的优秀公民

近年来,我国一些高校为了推进通识教育的开展,纷纷借鉴美国大学的成功经验,但通识教育改革要立足本土,放眼全球,适应时代发展,培养为国家服务、为社会服务、为人类服务的优秀公民。高等学府的通识课程要涵盖世界和中国的优秀文化成果,包括自然科学、社会科学和人文科学的经典和前沿,以适应世界的变化,并担负起中华民族伟大复兴的重任。

参考文献：

[1]刘黎明,王乐.亚里士多德的教育人学思想探析[J].教育文化论坛,2020(4):23-34.

[2]柳珏玺.美国大学通识教育的历史变革对我国高等教育的启示[J].西部学刊,2021(6月下半刊):106-108.

[3]饶蕾,朱玉山:自由教育的核心价值及其对当代高等教育的启示[J].教育与教学研究,2022(5):25-37.

[4]胡科,包雪莲.回归与超越:大类培养背景下自由教育的省思[J].当代教育科学,2020(1):9-14.

[5]马曦,孙乐强.哈佛大学通识教育建设的理念、特征及其理论启示[J].教育研究,2018(4):224-231.

[6]郭航.《耶鲁报告》的历史意义:美国高等教育史学家的解读[J].教育史研究,2021(3):175-183.

[7]张钰.美国高等教育现代化的发展阶段及经验借鉴[J].大学,2021(29):15-17.

[8]亚里士多德.政治学[M].北京:商务印书馆,1997:406-434.

新冠肺炎疫情背景下高校研究生思政教育工作路径探索①

芦雅洁

摘　要:新冠肺炎疫情防控常态化的背景下,研究生科创就业逐渐过渡为线上线下相结合的形式,研究生思政教育在育人形式和教学内容上也面临新的变化。本研究以财经类专业为例,基于问卷调研结果,深入讨论当前高校研究生思政教育的鲜明特点与工作难点,总结出提升思政工作实效的优化路径,提升二级学院应对突发事件的处理能力,为推动疫情防控和铸魂育人深度融合、构建适应疫情新变化要求的研究生"三全育人"思政工作体系提供支持。

关键词:思政教育,疫情防控,研究生工作

在新冠肺炎疫情常态化防控阶段,研究生的就业方式、职业规划、师生互动关系、朋辈交流沟通方式、居家学习亲子关系等方面面临改变,使得"心理防疫"成为思政育人的又一重点。传统线下思政教育模式的主动性、针对性、全局性受到一定冲击,研究生思政教育工作迎来新挑战、新任务。在此背景下,如何通过思政教育为学生提供成长成才的内生动力尤为重要。

一、新冠肺炎疫情背景下研究生思政教育工作新特点

研究生群体生源背景多样、专业选择多元,个性发展更具自主性、自觉性、自发性,相较于本科学生,其心理发展、个人规划有明显的"学校—社会"过渡特征,价值观塑造、知识体系建构、个人能力发展与职业方向规划交织融合,无显著的阶段性发展区别,存在一定的复杂性。课题组选取五个财经类专业(金融、

---

①　基金项目:2021年首都经济贸易大学研究生教育教学改革项目"疫情背景下财经类高校研究生思政工作创新模式研究——基于'ARCS'理论模型"(01592154300109)。
作者简介:芦雅洁,河北张家口人,首都经济贸易大学金融学院助教,研究方向为思想政治教育。

保险、投资、会计、企业管理)学生进行调研,回收有效问卷 240 份。总的来看,研究生思政教育工作呈现以下特点:

(一)自主性、多元性、延时性交织的研究生新样态

课题组就学生教学活动参与度开展调研。学生对于思想政治教育活动的开展呈现出更强的结果导向性。85%学生参与线上活动较为积极,能够在教师的指导下自主完成教育安排,90.45%学生基本达到预期学习目标,其中70.45%学生表现出更强的自主性。

学生线上学习模式偏好也呈现出多元化特点,相较于传统的单一授课方式,学生更倾向于录播、直播、文字材料授课,且偏好比例差异较小。这种多元化特征对于教师授课、师生互动、学生自主学习、学生评价提出了更高要求;对于当前研究生教育的个性化选授课、实验室学生培养方式也衍生出更多教研话题。

经历了新冠肺炎疫情突发到常态化防控,学生从最初的慌乱无措到逐步适应线上线下相结合的教育形式,同时也出现了忽略信息通讯、缺少个人规划,甚至重度拖延等问题,往往遇到了问题才亡羊补牢,呈现出延时性的特征。

(二)新形势下思政教育工作面临多重关系的转变

传统的线下思政教育以教师指导为主,学生仅作为受教育客体。在当前线上教育为主的背景下,学生面临的困难逐步转移到线上平台,学生需要的教育模式也逐渐转变为线上教育与文本教育相结合。此时,学生的内驱力发掘成为思政教育工作开展的关键着力点。

基于问题导向的个体辅导与团体辅导一直是开展思政教育工作的有效手段,然而疫情背景下,学生开展思政教育的时空、场域都发生了明显的变化。学生诉求变得更加多元复杂,其发生背景、解决方式也更需要一对一、点对点服务,打破了传统的工作时间、场域限制,变成随时、随地、随况、随境,逐步替代了传统的辅导手段和教学规划。

二、当前研究生思政教育工作的困境与不足

(一)日常教育工作开展面临新压力

疫情背景下,由于学生特点与思政工作方式的变化,日常思政开展过程中

面临新的压力。

一方面,学生日常事务管理,特别是学生职业规划发展辅导、就业求职服务遇到更多阻碍。疫情期间,学生在就读期间寻找工作/实习受到显著影响。经调查,约95%学生反馈目前明显受影响,其中7.92%有重大、无法克服适应的影响;26.25%需要外界的帮助来克服影响;42.5%同学可以自己克服;17.92%可以基本忽略。据了解,学生在疫情期间求职受影响的原因主要包括:①疫情导致工作岗位产生变化,招聘人数减少(69.17%);②地区的限制,无法进行京外的面试/实习(59.17%);③难以适应招聘方式的改变,如面试方式发生改变(42.5%);④思想观念发生转变,如放弃出国而选择就业或者考博等(15.83%)。为此,在开展日常思政教育过程中,对于指导教师即时掌握学生动态、拓宽就业工作渠道、及时反馈就业辅导,提出新的要求;同时,就业率保障、就业质量提升的难度也不断加大。

另一方面,学生"心理防疫"工作要求更加细致,心理辅导难度不断增加。在校内,学生相对处于更加固定、稳定的社交环境;而在校外,特别是面临家庭、社会压力的研究生群体,更容易产生不稳定情绪,对于我们开展心理安全教育、预判学生心理问题,无形中增加了诸多障碍。隔着屏幕建立的师生互动,相较于面对面直观评价、辅导,更具虚拟性、间接性,很难产生真正的情感共鸣,也无法预测学生的真实心理状态。

(二)教师工作强度与职业能力提升面临新挑战

疫情变化对于思政教育工作者的教学设计、规划、应变能力有了更高的要求。如何应对传统工作的形式和内容的变化?如何提升学生多元化诉求下的精准服务能力?如何跳出事务性工作,从更高站位推动疫情防控和铸魂育人深度融合?这些成为思政教育工作者的新课题。

思政教育工作是经验性工作,也是科学性、系统性的育人工作。我们需要不断摸清学生特征及思政教育工作的变化,从科学育人的角度,探索出新的、符合当下思政教育工作要求的新模式。当前关于疫情背景下学生特点变化的研究仍在进行中,落实到思政教育工作的经验性指导、培训尚未落地,教师的职业发展提升过程还处于自发性阶段,缺少科学经验指导,教师团队建设仍需进一步加强。

三、深化思政教育改革,优化育人工作路径

(一)坚持立德树人,强化育人核心

思政工作的特点是不断更新变化的,但高校育人的工作核心则是不变的。疫情背景下,思政教育工作者更应当落实好教育部关于思政教育工作的要求,始终坚持串好一根红线,把立德树人作为中心环节,把思想政治工作贯穿教育教学全过程,坚定捍卫"两个确立",坚决做到"两个维护",答好为谁培养人、培养什么人的时代答卷,做好怎样培养人的设计研究。

(二)完善三全育人,规范过程教育

一方面,要严格落实导师育人责任制,引导相关教师把握研究生思想特征,建立师生情感共同体。同时注重发挥朋辈教育力量,建立思政育人线上大课堂,动员学生骨干力量,发挥班团建设能量,实现无死角育人。

另一方面,要灵活把握各阶段学生诉求,在新冠肺炎疫情突发期、常态化管控期、线上教育阶段与入学返校阶段,针对不同时期学生的社交场域变化,激发学生内生动力。同时,在开展思政教育过程中,引进过程性评价,不断积累、总结、化新、融入,生成行之有效、可推广的思政教育育人模式。

(三)强化第二课堂实效,活化铸魂育人素材

疫情期间,社会各界涌现出一大批先进典型代表,疫情既是思政教育背景,也为育人工作提供了很好的素材。思政工作要紧紧围绕原有工作模式主线,利用好、打造好、设计好第二课堂育人平台,围绕铸魂育人根本目标,通过师生、生生多重互动,不断深化思政教育教学教法改革,实现沉浸式教育。

一方面,要做好育人工作的评价总结,提升学生收获感。另一方面,也要大胆、善于引进并采用适合的教育理念,如 OBE 等教学法,激发学生的内在动力,提升学生参与感。

参考文献:

[1]叶定剑,林立涛,田怡萌.重大疫情背景下大学生思想行为特点及教育策略[J].学校党建与思想教育,2020(7):79-81.

[2]梅晓宇. 在疫情防控阻击战中淬炼新时代的党[J]. 学校党建与思想教育,2020(8):28-29,43.

[3]赵盈,李睿. 研究生思想政治教育协同机制探究[J]. 思想理论教育,2021(7):103-107.

[4]刘润,王小莉,吴晓培. 高校研究生思想政治教育工作机制研究[J]. 中国高等教育,2021(12):37-39.

[5]王纲. 高校思想政治教育评价视域下第二课堂的学生行为研究[D]. 成都:电子科技大学,2021.

抗击疫情思政元素引入保险学课程教学研究

雒庆举

摘　要:全面推进课程思政建设,就是要寓价值观引导于知识传授和能力培养之中,帮助学生塑造正确的世界观、人生观、价值观,这是人才培养的应有之义,更是必备内容。做好高校思想政治工作,要因事而化、因时而进、因势而新。2020 年新冠肺炎疫情暴发,为保险学课程思政教学创造了新的元素。抗疫思政元素引入,是保险学课程授课内容的必然选择,是保险学案例教学的一个理想案例,同时这也是思政教学的要求。授课教师应适应新形势,在保险学教学方式、教学内容上改革创新,更好地培养德智体美全面发展的社会主义事业建设者和接班人。

关键词:疫情,保险学,思政元素

2020 年新冠肺炎疫情暴发,使保险学课程思政教学产生了新的元素。是否将抗疫思政元素引入保险学教学,如何在课程内容上设置抗疫思政元素,授课教师应该采用怎样的教学方法,这些问题对当前的保险学课程教学提出了新的课题。

一、抗疫思政元素引入保险学课程教学的意义

保险学课程教学引入抗疫思政元素,是保险学课程授课内容的必然选择,是保险学案例教学的一个理想案例,同时也是思政教学的内在要求。

(一)抗疫与保险学研究对象一致

保险学课程所集中讨论的保险是在风险管理的背景下展开的。根据风险

作者简介:雒庆举,首都经济贸易大学金融学院副教授,硕士生导师,北京大学中国保险与社会保障研究中心(CCISSR)研究员。主要研究方向为人身保险,社会保险。

发生的概率大小不同以及损失严重程度的不同,需要对不同的风险采取不同的风险管理措施。同时,在风险管理中,需要沿着制定风险管理目标、识别风险、测度风险、选取风险管理方法、实施风险管理等顺序展开。保险学研究的保险包括财产保险、人身保险等,面对不同的风险,可以购买不同的保险产品去应对。

2020年突如其来的新冠肺炎疫情,是当前我们面临的最大风险,如何从国家层面、企业层面、个人层面对这一风险进行管理,是当前社会各界所面临的共同话题。对个人和企业而言,选取合适的保险产品成为可供选择的风险管理工具。

因此,将疫情因素引入保险学课程,及时结合疫情风险,开设相关保险专题,自然而然地将疫情因素带入保险学教学,有助于学生进一步认知保险"分散风险、补偿损失"的基本功能,认知保险作为社会稳定器和经济助推器的功能。

(二)抗疫案例进课堂,是保险学案例教学的必然选择

案例教学法是一种以学生为中心,需要学生通过自主学习去分析和解决问题的教学方法。这种教学方法针对某一内容、观点或者理论,设计或者选择一些典型案例作为素材将学生引入一个特定情境,并通过学生与学生或者老师与学生之间的交流引导学生参与讨论、分析,最后提出相应解决方案,从而达到提升学生分析和解决问题能力的目的。

保险学是一门实践性较强、内容更新速度较快的综合性应用经济学学科,所以保险学教学中普遍采用案例教学法,以帮助学生理解保险产品的特点、保险的基本原则、保险条款的设计思想。同时,保险业的不断发展创新,客观上要求保险学教学中必须引入大量的保险案例。

保险学授课中采用的案例通常是传统案例,即主要采用虚拟案例或者历史案例探讨某一知识点。实时案例教学是借助目前现实中正在发生的真实案例来开展教学,能够有效弥补传统案例教学的弊端,更大程度地激发学生学习的主动性,培养学生关注保险领域发展的职业敏感性。当下中国最值得思考的案例就是抗疫案例,围绕疫情,包括保险公司在内的社会各界都积极采取措施应对风险,学生对案例现状及其新进展都有切实的体会,也比较关心。将抗疫案

例引入保险学教学中,能极大地调动学生的积极性和能动性,从而提升教学的效果。

(三)抗疫元素引入课堂,是保险学思政教学的要求

《高等学校课程思政建设指导纲要》明确:"全面推进课程思政建设,就是要寓价值观引导于知识传授和能力培养之中,帮助学生塑造正确的世界观、人生观、价值观,这是人才培养的应有之义,更是必备内容。"

现代保险业的发展处处彰显了社会互助与诚信、法治与道德,其内含的思政元素完美契合了社会主义核心价值观。在新冠肺炎疫情的背景下,保险学教学中融入抗疫的元素,以疫情防范的有效措施,中华儿女"众志成城、战胜疫情"的团结精神、奉献精神,以及一方有难、八方支援的大爱精神,可以更好地诠释和升华保险学的价值引领作用,激发学生的社会责任感和学习热情,传承中国抗疫精神,并转化为学习动力。在这一没有硝烟的战场,凝聚起无坚不摧的中国力量,展现了中国速度,体现了制度优势。这样的抗疫精神,需要青年大学生继承和发扬,这样的制度优势,值得大学生坚持和自豪。保险是支撑社会发展的,学好用好保险学知识显然是对社会的贡献。以疫情为载体的保险专业知识、能力培养和价值塑造三者有机融合,可以更好地激发学生的学习热情,增强学生的专业认同感和责任感,坚定学生的报国志向。

二、融入疫情元素的保险学授课内容设计

疫情元素引入保险学授课内容,在许多章节都有很好的体现,这里仅从保险合同、健康保险、社会保险三个章节的授课内容的设计入手,分析如何引入抗疫元素。

(一)保险合同

保险合同内容主要涉及保险合同的特性以及保险合同的成立、生效、履行等内容,在许多内容中都可以融入抗疫元素。

1. 捐赠合同的有效性

2020 年新冠肺炎疫情暴发后,诸多保险公司响应号召,向医护人员、基层干部、公安干警等赠送保险。古往今来,乐善好施、扶危济困的优良传统源远流长,民间慈善活动生生不息。改革开放以来,慈善已发展成为一种专门事业,在

重大灾难发生时发挥雪中送炭的作用。但是保险合同的捐赠与慈善不完全一样。有效的保险合同,要求合同必须有对价,捐赠的保险合同显然不存在对价,此时合同是否有效? 人身保险合同要求投保时投保人对被保险人具有保险利益,这里的投保人是谁? 投保人对被保险人是否具有保险利益?

2. 投保人的如实告知义务

《保险法》第十六条规定:"订立保险合同,保险人就保险标的或者被保险人的有关情况提出询问的,投保人应当如实告知。投保人故意或者因重大过失未履行前款规定的如实告知义务,足以影响保险人决定是否同意承保或者提高保险费率的,保险人有权解除合同。"如果投保人确诊为新冠肺炎患者,是否应该将该事实告知保险人? 如果投保人向保险人告知,保险人是否会拒绝承保? 新冠肺炎患者可以购买哪些保险产品?

在学生认识疫情保险对防疫的支持和贡献的基础上,激发学生学习热情,增强专业认同感和社会责任感;弘扬抗疫精神,加强社会主义核心价值观教育,培养学生的法律意识、诚信意识和大局意识。同时,以全球抗疫合作培养学生的国际视野和全球意识,进而形成人类命运共同体理念。

(二)健康保险与意外伤害保险合同

健康保险与意外伤害保险是目前市场上比较畅销的产品,疫情元素也可以融入其中:

1. 合同的属性

意外伤害保险合同承保的是外来的、突发的、非本意的、非疾病的伤害,由此产生的一个问题是,感染新冠肺炎是否属于意外伤害保险承保范围? 目前市场上还开发出了许多专门承保新冠肺炎的保险产品,这些产品应该归属于什么险种? 是否值得购买? 这些产品与赌博有什么样的区别?

2. 新冠肺炎风险的应对

目前,在市场上除了购买专门针对新冠肺炎的保险产品外,大多数消费者可能在此之前正在考虑购买其他的健康保险产品。商业健康保险产品目前颇受关注的有百万医疗保险产品、普惠医疗保险产品、重大疾病保险产品。这三种健康保险产品承保的范围、理赔的要求都有很大的差异。针对新冠肺炎,这三类产品是否都能够获赔呢？如果都能获得补偿，这三种产品之间存在什么关系？是相互替代还是相互补充？对消费者而言，应该如何购买？

(三)社会保险

新冠肺炎疫情暴发以来，我国政府采取了强有力的抗疫措施，将救治病患放于首位，举国上下，全力救治。国家及时出台政策：新冠肺炎救治费由国家兜底，免费救治，彰显国家制度优势，有效遏制疫情传播。而对于不如实申报者，不仅不予以免费且给予惩戒。所以在社会保险内容的学习中，首先需要结合抗疫元素，认识我国在抗击疫情过程中国家所作的各种努力，特别是结合数据，认识医保制度提供的资金支持；帮助学生在了解国家疫情防范政策的基础上，讲好中国抗疫故事，彰显中国制度优势，培养学生民族自信心和民族自豪感；弘扬抗疫精神，培养学生处理危机和困难的正确态度和能力，传承中华美德，培养集体主义和爱国主义精神。

另外，我们还可以讨论其他社会保险问题。比如，《工伤保险条例》第十四条明确了可以认定为工伤的各种情形，其中最基本的情形是"在工作时间和工作场所内，因工作原因受到事故伤害的"；第十五条明确了视同工伤的情形，其中包括"在抢险救灾等维护国家利益、公共利益活动中受到伤害的"。由此引发的思考是：企业职工在正常上班过程中感染新冠肺炎是否可以认定为工伤？如果消费者参加单位的抗疫活动而感染新冠肺炎，是否构成工伤？职工如果参加社区的志愿活动，感染新冠肺炎是否构成工伤？

三、新冠肺炎疫情对教学方式的影响

新冠肺炎疫情对许多高等学校的正常教学秩序产生了很大影响，特别是2020年上半年，全国许多地区的高等学校停课，这使得网络授课模式成为必然的选择。从这两年首都经济贸易大学保险学课程的教学方式来看，主要采用了以下三种方式：

第一，利用在线课程资源进行网络教学，主要是利用国家、北京市和学校现有优质课程资源进行网络教学。比如 2019 年保险学全体教师共同创建的保险学慕课，成为主要的网络课程资源。

第二，利用网络教学平台进行网络直播教学，主要是通过网络教学平台，如

"雨课堂"、超星泛亚、腾讯会议等进行直播教学。

　　第三,采用录制幻灯片演示等多种方式制作音视频课程,主要是使用PowerPoint"录制幻灯片演示"功能,或其他方式制作音视频课程,配合课件演示过程将讲授内容合成为音视频,供学生学习。

　　根据学生的反馈,三种授课方式各有利弊。第一种方式和第三种方式给学生的灵活性更大,学生可以根据自己的时间灵活选择学习时间,并且可以反复收看,从而达到更好地掌握课程内容的效果。这两种方式的缺点是与学生的互动性不高,对学生学习主动性的要求较高。部分学生可能因为缺乏学习积极性或者因课程内容比较枯燥而不去主动学习。第二种方式采用直播授课方式,可以和学生进行互动,更加接近于课堂授课,学生可以和教师在授课过程中通过大幕留言进行互动。但是这种方式对网络的要求较高,有时候学生无法登录或无法听清教师声音,如果要开展互动则对教师的要求更高。

　　为了提高教学效果,学校对授课的辅助环节有许多的要求,主要是强化课后作业、网上答疑、课程辅导,这些环节的落实有助于学习效果的提升。但是相对于课堂授课,互动性仍然较差,特别是对于部分有难度的内容,采取网络授课仍然效果不甚理想,特别是对于自主学习能力不强、主动学习积极性较差的学生,还需要进一步思考教学方式的改进。

　　习近平总书记在全国高校思想政治工作会议上强调:"思想政治理论课要坚持在改进中加强,提升思想政治教育亲和力和针对性,满足学生成长发展需求和期待,其他各门课都要守好一段渠、种好责任田,使各类课程与思想政治理论课同向同行,形成协同效应。"保险学作为保险专业的核心基础课,在全国抗疫背景下,授课教师更应该在做好基本知识传授的基础上,"做好高校思想政治工作,要因事而化、因时而进、因势而新",在教学方式、教学内容上改革创新,更好地培养德智体美全面发展的社会主义事业建设者和接班人。

参考文献:

[1]程建华,李聪.保险学原理课程思政教学改革探讨[J].吉林省教育学院学报,2021(5).

[2]郭素玲.战"疫"元素融入《保险学》课程思政的价值与教学实现[J].安阳师范学院学报,2021(3).

[3]张大良.课程思政:新时期立德树人的根本遵循[J].中国高教研究,2021(1).

金融数据建模课程选课意愿的调研①

马丽娜

摘　要:金融数据建模是面向首都经济贸易大学全体本科生开设的通识教育选修课,在扩展学生知识面、培养学生的建模能力、编程能力以及撰写案例分析报告的能力等方面发挥了重要作用。本文通过设计问卷和问卷调查,旨在了解受访者选修金融数据建模课程的意愿,在受访者的性别、年级、数学喜好度、倾向于选修的通识课类型、喜欢的教学模式、喜欢的考核方式以及对于选修过的课程的评价等因素中,挖掘对选课意愿产生显著影响的因素,分析其影响机理,为完善金融数据建模课程提供可借鉴的建议和对策。

关键词:选课意愿,数学喜好度,课程类型,课程评价

一、引言

金融数据建模是面向全校本科生开设的一门通识教育选修课。课程主要介绍数据挖掘的基本概念、原理、方法和技术,以金融方面的数据为依托,分析若干金融数据建模案例。课程涉及的主要模型包括:协方差分析、二分类变量的广义线性回归、定序变量的广义线性回归、泊松回归、决策树和随机森林等。课程的教学目标是使学生理解金融数据建模的基本流程,掌握金融数据建模的基本理论和编程技术,能够利用 R 语言编程挖掘金融数据中有价值的信息,解决金融实务中出现的相关问题,培养学生的建模能力、编程能力以及撰写案例

---

①　基金项目:本研究获得了以下项目的资助:首都经济贸易大学教育教学改革项目——金融数据建模课程的嵌入“微课程”的混合式教学的研究与实践;教育部产学合作协同育人项目——R 语言与金融数据挖掘课程的嵌入“微课程”的线上线下混合式教学的研究与实践(项目号:202101327010);教育部产学合作协同育人项目——建设统计学方向下的多课程电子题库(项目号:202102610001)。

作者简介:马丽娜,经济学博士,首都经济贸易大学金融学院硕士生导师。

分析报告的能力,为学生进一步深入学习奠定理论基础,锻炼学生的实际操作能力。鉴于通识教育选修课允许不同专业和不同年级的学生选修同一门课程,使得授课对象的专业知识、专业素养和知识结构等迥然不同,生源构成复杂多样,选课诉求不尽相同。因此,本研究旨在通过问卷调查了解受访者选修金融数据建模课程的意愿,挖掘对选课意愿产生显著影响的因素,分析其影响机理,为金融数据建模课程建设提供可借鉴的建议和对策。

二、问卷的设计与调查

为调研金融数据建模课程的选课意愿和影响因素,笔者设计了"通识教育选修课调查问卷",围绕受访者的性别、年级、数学喜好度、倾向于选修的通识课类型、喜欢的教学模式、喜欢的考核方式、对于选修过的课程的评价等问题开展调研。在金融数据建模首次开课之前,借助问卷星在线开展本次问卷调查。将调查对象限定为首都经济贸易大学金融学院某专业 2019 级和 2020 级的本科生,学生总计 61 人,回收有效调查问卷 57 份,有效率为 93.4%。

三、调查结果分析

(一)金融数据建模课程选课意愿分析

针对受访者选修金融数据建模课程的意愿,问卷中设计了五个选项:"非常不愿意"、"比较不愿意"、"一般"、"比较愿意"和"非常愿意"。受访者选课意愿的分布情况(见图 1):非常不愿意选课的仅有 1.8%,占比最低;比较愿意选

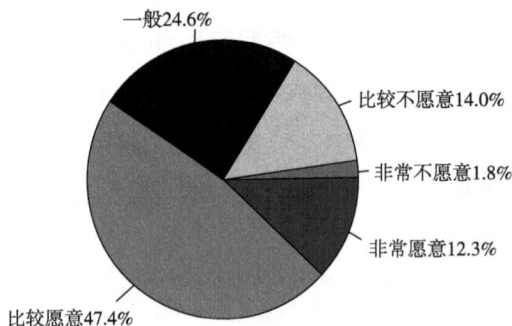

一般24.6%
比较不愿意14.0%
非常不愿意1.8%
非常愿意12.3%
比较愿意47.4%

图 1 选课意愿的分布

课的占比最高,为47.4%;非常愿意选课和比较不愿意选课的受访者占比相近,分别为12.3%和14.0%;约24.6%的受访者对选课持不冷不热的态度。总体来看,受访者对于该课程的选课意愿比较强烈,非常愿意选课和比较愿意选课的受访者占总受访者的比例合计高达59.7%。

由表1可知,在10%显著性水平下,仅有性别、数学喜好度、是否愿意选修"数学与科技"类通识课以及对于选修过的课程的评价是否为"流于形式,缺乏实际内容"这四个指标分别与金融数据建模课程的选课意愿相关,其他的指标,包括:年级、是否愿意选修"创新创业与就业""法律与公民修养""语言与跨文化交流""国学与历史""健康与艺术""哲学与伦理"类通识课、最喜欢的教学模式、四种考核方式(开卷考试、闭卷考试、期末大作业和论文)、对于课程的评价是否为"课堂精彩,内容通俗易懂"、"实用性强,提高能力"、"科普丰富,拓展知识面"和"其他",均与金融数据建模课程的选课意愿不存在显著的相关关系。

表1　各指标与选课意愿之间的相关性卡方检验

变量名	统计量/ 自由度/P值	变量名	统计量/ 自由度/P值	变量名	统计量/ 自由度/P值	变量名	统计量/ 自由度/P值
年级	0.38/2/0.83	语言与跨文化交流	0.59/2/0.74	教学模式	7.47/6/0.28	课堂精彩,内容通俗易懂	0.81/2/0.67
性别	4.75/2/0.09	国学与历史	3.34/2/0.19	开卷考试	3.1/2/0.21	实用性强,提高能力	0.85/2/0.65
数学喜好度	14.62/4/0.01	健康与艺术	0.2/2/0.9	闭卷考试	2.14/2/0.34	科普丰富,拓展知识面	3.39/2/0.18
创新创业与就业	1.1/2/0.58	数学与科技	7.3/2/0.03	期末大作业	2.72/2/0.26	流于形式,缺乏实际内容	6.76/2/0.03
法律与公民修养	0.24/2/0.89	哲学与伦理	2.15/2/0.34	论文	3.15/2/0.21	其他	3.71/2/0.16

(二)性别对选课意愿的影响

由表 2 可知:受访者中男性和女性的占比分别为 45.6%和 54.4%,反映出财经类高校中女多男少的现状。受访者中男性和女性不愿意选课的占比相差无几,分别为 15.4%和 16.1%,无论男性还是女性受访者不愿意选课的占比均较低。约有高达 73.1%的男性愿意选课,比女性高出约 24.7%, 11.5%的男性和 35.5%的女性受访者对选课持不温不火的态度。相比于女性,男性对选课的态度更加明确,且选课意愿更强烈,这可能是由于男性更偏爱建模和编程,乐于尝试挑战,行事果断。

表 2　选课意愿与显著影响因素的列联表

选课意愿	性别		数学喜好度			数学与科技		流于形式,缺乏实际内容	
	男	女	不喜欢	一般	喜欢	否	是	否	是
不愿意	15.4%	16.1%	40.0%	14.8%	12.0%	23.1%	0.0%	10.4%	44.4%
一般	11.5%	35.5%	40.0%	40.7%	4.0%	28.2%	16.7%	27.1%	11.2%
愿意	73.1%	48.4%	20.0%	44.4%	84.0%	48.7%	83.3%	62.5%	44.4%
影响因素的分布	45.6%	54.4%	8.8%	47.4%	43.9%	68.4%	31.6%	84.2%	15.8%

(三)数学喜好度对选课意愿的影响

问卷中调查了受访者对于数学的喜好程度(图 2),要求受访者在五个评级中选择其一,包括:"非常不喜欢"、"比较不喜欢"、"一般"、"比较喜欢"和"非常喜欢"。鉴于选择"非常不喜欢"和"比较不喜欢"的受访者占比太低,分别为 1.8%和 7.0%,为了后续分析的稳健性,重新划分为三类,将"非常不喜欢"和"比较不喜欢"合并为一类为"不喜欢",将"比较喜欢"和"非常喜欢"合并为"喜欢"。整体来看,受访人群对数学的喜好不够强烈,受访者喜欢数学的占比为 43.9%,对数学持有不亲不疏态度的占比为 47.4%,不喜欢数学的占比为 8.8%。

随着数学喜好程度从不喜欢、一般到喜欢,愿意选课的占比持续增加,从

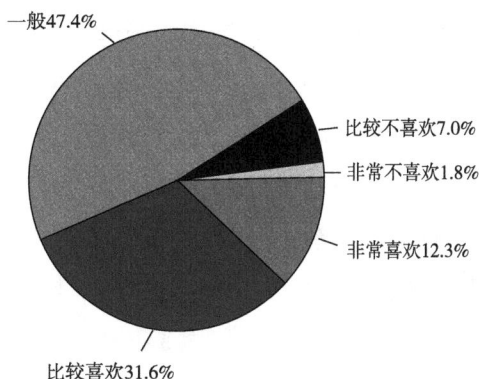

图2　数学喜好度的分布

20.0%、44.4%飙升至84.0%,且不愿意选课的比例持续降低,从40.0%、14.8%减少至12.0%(参见表2)。数学喜好度对选课意愿产生强烈的正向影响,可能的原因是:

(1)受访者从课程名称和调查问卷的问题中推测出金融数据建模是一门数学与科技类的通识课程,学习该课程要求具有较好的数学基础,至少应该不排斥数学类课程。

(2)喜欢数学的受访者大多具有较好的数学基础,具备较强的逻辑推理和演算能力,这使得他们拥有足够的信心和能力将与数学相近的课程学好,促使其倾向于选修金融数据建模课程。

(3)喜欢数学的受访者可能会爱屋及乌,更愿意选修数学与科技类的通识课金融数据建模。

(4)喜好数学的受访者更有可能参加全国大学生数学建模竞赛、美国大学生数学建模竞赛和全国大学生数学竞赛等赛事,选修金融数据建模课程有助于他们在这些竞赛中取得更好的成绩。

(四)课程类型对选课意愿的影响

首都经济贸易大学将通识教育选修课划分为七类:"创新创业与就业"、"法律与公民修养"、"语言与跨文化交流"、"国学与历史"、"健康与艺术"、"数学与科技"和"哲学与伦理",我们调研了受访者对不同类型通识课的选课意向(见

图 3)。在 57 名受访者中,高达 63.2% 的受访者倾向于选修"国学与历史"类通识课,此类课程最受青睐,可能是由于该类课程内容通俗易懂,妙趣横生,易于学习,介绍中华民族悠久辉煌的历史,培养学生的爱国思想、民族自豪感和自信心等,还有助于计划考研的同学为政治科目夯实基础。约 52.6% 的受访者倾向于选修"创新创业与就业"类课程,表明超过半数的学生对于创新、创业和就业足够重视,希望通过选修课程了解相关知识,掌握相关技能,为未来走向工作岗位奠定基础。倾向于选修"语言与跨文化交流"、"健康与艺术"、"数学与科技"和"哲学与伦理"类课程的受访者占比分别为 33.3%、33.3%、31.6% 和 29.8%。受访者倾向于选修"法律与公民修养"类通识课的比例为 17.5%,这类课程最不受欢迎。

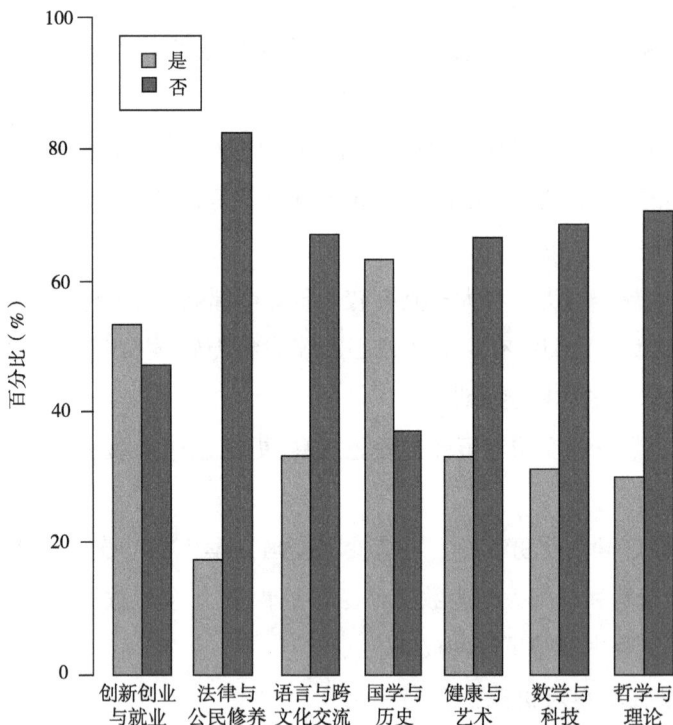

图 3 课程类型的分布

在上述七类通识课中,仅有选修"数学与科技"类通识课程的选课意向与金融数据建模课程的选课意愿存在显著相关关系,是否倾向于选修其他六类通识教育选修课程均与金融数据建模课程的选课意愿不存在显著相关关系(见表1)。倾向于选修"数学与科技"通识课的受访者占比31.6%,不倾向于选修"数学与科技"类通识课的占比68.4%,显著表明"数学与科技"类通识课受欢迎度不高,金融数据建模课程作为"数学与科技"类通识课程之一,在吸引学生选课方面面临严峻挑战。愿意选修"数学与科技"类通识课的受访者中83.3%(0.0%)的受访者愿意(不愿意)选修金融数据建模课程,而不愿意选修"数学与科技"类通识课的受访者中48.7%(23.1%)的受访者愿意(不愿意)选修金融数据建模课程(见表2)。"数学与科技"类通识课程的选课意愿对于金融数据建模课程的选课意愿存在正向影响,若受访者愿意选修"数学与科技"类通识课程,则其有超过80%可能性也愿意选修金融数据建模课程。

(五)课程评价对选课意愿的影响

问卷主要围绕五个维度"课堂精彩,内容通俗易懂"、"实用性强,可以提高能力"、"科普丰富,能拓展知识面"、"流于形式,缺乏实际内容"和"其他",调研了受访者对所选修过的课程的评价(见图4),允许受访者多项选择。在57名受访者中,高达66.7%的受访者对课程评价为"课堂精彩,内容通俗易懂";对课程评价为"科普丰富,能拓展知识面"和"实用性强,可以提高能力"的受访者均接近半数,占比分别为47.4%和45.6%;对课程评价为"流于形式,缺乏实际内容"的占比较低,为15.8%,评价为"其他"的占比为8.8%。这反映出受访者选修过的绝大多数课程内容通俗易懂,实用性强,有助于学生拓展知识面,提高动手能力,实现了通识教育课的设置初衷和教学理念。

受访者中,对选修过的课程评价为"流于形式,缺乏实际内容"的,愿意和不愿意选修金融数据建模课程的占比相同,均为44.4%;对选修过的课程评价为不是"流于形式,缺乏实际内容"的,愿意(不愿意)选修金融数据建模课程的占比为62.5%(10.4%)(见表2)。相对于对选修过的课程评价为"流于形式,缺乏实际内容"的受访者,对课程评价未作出这种负面评价的受访者更愿意选修金融数据建模课程。本次调研是在金融数据建模课程首次开课之前进行的,受

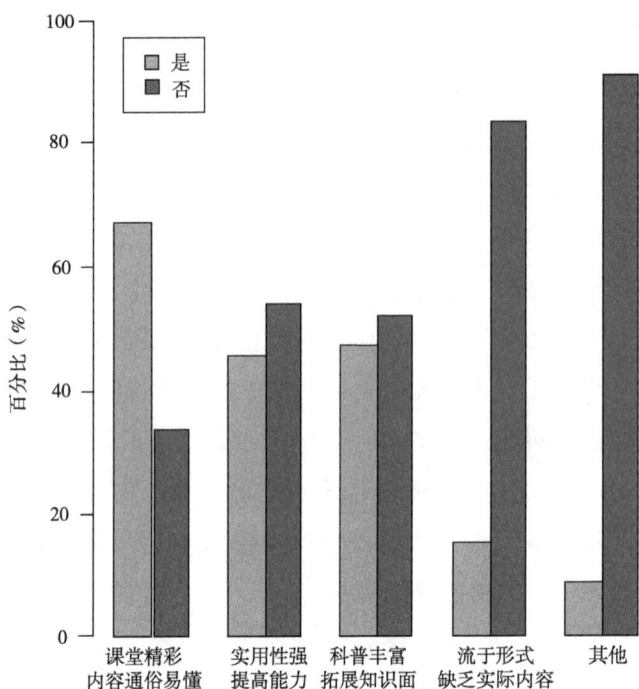

图 4   课程评价的分布

访者无法从其他同学获悉该课程的任何信息,但他们可能从课程名称简单推测金融数据建模课程不会是一门"流于形式,缺乏实际内容"的"水课",而是一门承载建模理论、技术含量十足的课程。

四、完善金融数据建模课程教学与管理的对策及建议

(一)完善我校通识教育选修课的选课系统,研发通识教育选修课的选课推送系统

学校的通识教育选修课的选课系统是学生选课的唯一平台,但目前该系统未能实现向学生展示或查阅课程信息的功能,学生无法通过该系统获悉待选通识教育课的信息,如:课程的教学目标、教学内容、教学要求和授课教师的相关信息等。建议学校相关部门完善通识教育选修课的选课系统,方便学生通过该系统获悉上述重要信息,以供学生选课时参考,避免学生仅依据课程名称盲目

选课。

　　针对全校本科生搭建通识教育选修课推送系统,探寻不同类型通识课选课的影响因素,构建科学算法,自动为学生推送与其匹配的课程,可助力学生精准高效选课。以金融数据建模课程为例,可以根据学生性别、以往的数学类课程成绩、参加竞赛和项目等的情况、曾经选修过的通识课程的类型、对已选修过的通识课程的评价等信息,创建推送算法,自动向具有某些特征的学生推送金融数据建模课程。

　　(二)在潜在选课学生群体中宣传课程,加强对学生的选课指导

　　授课教师可以在自己教授的班级中宣传课程,毕竟经过一个学期的教学互动,学生更了解授课教师,教师也更熟悉学生,授课教师所讲授的都是偏数理模型类的专业课程,与金融数据建模存在一定相似性,学生可能会爱屋及乌地继续选修该授课教师开设的通识教育选修课程。通过访谈、谈心等方式,了解并帮助学生制定未来的学业生涯和职业生涯规划,理清学生是否计划保研、考研、出国、就业,是否参加竞赛、科研项目等,向有选课诉求的学生推荐金融数据建模课程。

　　在开学之初的补退选课阶段,授课教师需要向已选学生解释说明课程的教学内容、教学目标、教学要求和考核方式等。提醒学生金融数据建模课程绝非一门"流于形式,缺乏实际内容"的课程,令那些仅想混学分、不愿意投入时间或精力学习的同学知难而退,促使那些不喜欢数学、统计或编程的同学退课。

　　(三)优化教学内容,融合多种教学模式

　　开展问卷调研了解学生的专业背景、兴趣偏好、选课诉求和选课原因等,据此及时更新和优化课程内容,可以将学生感兴趣的美国大学生学生数学建模竞赛、全国大学生数学建模大赛、统计建模大赛、"互联网+"竞赛等出现的与课程教学内容、教学目标相契合的题目,加工整理作为课程的教学案例,吸引学生选课,更好地满足学生的选课诉求,提高已选课学生的获得感。另外,可分专题围绕主要知识点制作习题,供学生复习使用,以更高效地掌握相关知识点。

　　采用多元化的教学模式,可以将翻转课堂引入教学,鼓励学生分组在课堂上报告参加过的竞赛或项目中的优秀案例或论文,引导学生开展讨论和深入研

究,为后续竞赛、项目或毕业论文写作等储备建模理论、编程技术和写作技巧。采用线上线下混合教学模式,可考虑把课程中的一些重要案例制作成"微课程",投放到移动终端,供学生随时随地学习,提高他们的学习效率。

参考文献:

[1] 张晓东,刘宁,王吟. 基于翻转课堂的"环境催化原理及应用"教学模式的重构[J]. 内蒙古教育, 2017(18): 127-128.

[2] 王光硕,周飞,梦冉,等. 新工科背景下大学生创新创业课程体系建设探索[J]. 创新创业理论研究与实践, 2020, 3(21): 129-130.

金融监管学课程双语教学探索[①]

祁敬宇

摘　要：作者结合金融监管的教学体会，探讨了如何将双语教学融入金融监管学课程，对相关课程的教学评估、资源建设和使用等进行了思考，并结合如何提升双语教学等，谈了一些粗略的想法和切身感受。

关键词：金融监管，双语教学，高等教育

笔者进入首都经济贸易大学 20 多年来，深耕于金融监管课程的教学实践。近十几年，积极探索如何将双语教学融入金融监管课程，积累了一些较好的教学理念和实施方法，以期在创新双语教学与专业课程结合等方面有一些作为。作为对前期双语教学实践的一个回顾，本文总结了一些个人在这方面的思考，并期待把这些思考转化为今后双语教学的动力。

一

双语教学是一个涉及多方面学科建设的教学体，如课程教学内容、教学质量和国际学术交流等，是一种多领域、综合性的教学实践活动。要促进双语教学，就必须从学科建设的高度来重视双语教学，提高对双语教学重要性的认识。

目前，金融监管课程开设双语教学已经十多年了。多年来，在学校、金融学院各级领导的重视下，在学校同事的热情帮助下，在任课教师的积极努力下，金融监管学课程的双语教学取得了显著的进步。

从金融学院"双一流"建设的大背景来看，借助于双语教学来提升专业外语

① 本文基于国家社会科学基金一般项目"习近平金融安全治理思想与当代实践"（项目编号：18KBS140）相关内容提炼修订。

作者简介：祁敬宇，首都经济贸易大学金融学院教授、博士生导师。

教学水平无疑是促进国际学术交流不可缺少的环节。换言之,金融学院双语教学水平的高低对金融学一流专业、一流学科的建设发挥着极其重要的作用。在新的形势下,为提高金融监管学课程双语教学水平,笔者试图通过课程的双语教学来发挥语言作为专业教学的桥梁,从而实现跨文化、跨学科、跨地域等方面的学术交流和学术研究。从这个角度看,双语教学的意义和作用不可小觑,笔者将继续致力于提升金融监管学课程的双语教学水平。

通过十多年的教学实践,笔者欣慰地看到,双语教学在金融监管课程建设中发挥着积极的促进作用。双语教学使金融监管课程的学生初步在本科或研究生阶段就能够熟练地掌握一门或者两门外国语言(特别是英语),甚至可以进行国际学术交流、参加学术会议。这些在很大程度上得益于双语教学。双语教学实践确实对大学生出国深造或者到国外进行中短期访学交流发挥了积极的作用,有利于加强我校金融学院的国际学术交流。同时我们也要看到,在当前金融学(含国际金融学)学科建设的客观环境下,金融监管相关课程双语教学的作用还远未充分发挥,仍有很大的潜力值得挖掘。

双语教学的开展,应借鉴国内外先进的教学理念,努力提升教师的学术水平和语言能力,基本做到用英语进行课堂教学,让学习者以双语准确地理解和掌握金融监管教学内容、金融监管背后的逻辑思维、金融监管文化渊源、金融监管的实质等。双语教学是在母语基础之上进一步提升的、集语言和专业课程教学于一体的立体化教学实践。多年双语教学的实践表明,双语教学是一种有效的教学实践和教学手段,虽然双语教学并不是教学目的,但是在实践中,它对于提高教师水平、提高学生学习质量等方面都是非常有效的。

从双语教学的内涵和实践来看,作为一种跨文化教育实践,双语教学从语言学的角度要求:教师能够运用第二门语言进行相关的教学;学生能够运用第二门语言进行相关的学习。在教学过程中使用两种语言作为教学媒介,教师和学生可以从语言的角度进行沟通、表达和学习,教师和学生的思维都是借助于双语来进行的。教师通过双语教学这个特殊形式来引导学生运用第二门语言对相关知识点进行学习、掌握、理解乃至研究,一定程度上要求师生客观上具备一定的运用第二门语言分析问题、解决问题的能力。这种潜移默化的语言学习与专业教学是相得益彰,相互促进的。

二

不过,笔者在十多年双语教学实践的过程中也发现了金融监管学课程双语教学存在的一些不足。这涉及教学目标、双语教学的软资源、双语教学的硬资源、教学对象的认可度、教师与学生的教学反馈及其评价等方面。这些问题需要我们在今后的教学实践当中,积极探索,认真反思。

第一个问题,教学目标定位狭隘导致理念落后。由于双语教学的特殊需求,教师付出的心血很多,集中表现为双语教学的备课压力较母语教学的课程要更重。要想提升双语教学水平,一些教师相当大的精力需要放在外语学习上。这样一来,就容易顾此失彼,影响双语教学的效果。

双语教学的目标原本是要提升专业课的教学水平和效果,但在实践中难免遇到困难。从笔者早期金融监管学双语教学的实践来看,一方面,易出现外语和专业都不伦不类的状况;另一方面,专业基础学科、双语教学都不够专业导致学生不喜欢双语课程和课堂教学,学习效果可想而知。所以,要进一步提升双语教学的水平,必须目标定位高度精准,不能含糊不清和有缩水现象,逐步缩小双语教学实践与双语教学理念之间的差距。

第二个问题,关于双语教学资源的选择问题。当前,互联网资源丰富、网络教学比重不断提升,整体来看,双语教学的教学资源日益丰富。这样一来,教师的双语教学水平就受到了前所未有的挑战。双语教学、外语教学与教育资源智能化接轨的速度,如果不能及时跟上时代发展的步伐,就会影响到双语教学的效果和未来的发展前景。面对信息化教学资源日益丰富的局面,学校的软件资源能不能跟上双语教学的发展?学校的硬件资源,特别是网络资源是否跟得上双语教学的发展?这些问题都会影响双语教学的效果。

第三个问题,关于双语教学实践中师生包容的问题。一些教师外语背景有限,创新方法、意识较弱,一定程度上不能把自身职业发展和未来教学前景相结合。从学生接受双语教学的实践来看,一些学生对外语学习兴趣不高,特别是学生进入研究生阶段后,对双语教学并不是特别积极。这也从近几年的学生学评教评价里明显反映出来。这一方面是因为教师双语教学的水平有待提高;另一方面也说明了学生对双语教学的感觉和认可度不是很好。而高校双语教学要求学生掌握一定量的专业外语词汇,同时还要求非英语专业学生具有一定的文化素养和语言素养,部分高校学生在此方面存在局限,这都是不利于双语教学的。

三

当前,教育部启动了新文科建设,它对于财经类高校教学知识体系的构建和重组提出了要求,也为学科发展提供了新的契机。无疑,双语教学和实践是一项重要的探索。

如何进一步提升双语教学并合理评价双语教学呢?这是一个值得大家思考的问题。双语与专业教学的结合,一方面为提升师生的教学水平提供了一定的契机,赋予了金融监管学新的教学目标。另一方面,双语教学也需要从教学资源、教学方法等方面不断创新。学校有关部门在评价时要注意从各个环节有力扶持双语教学;要完善教学质量评价体系,尤其是以科学的评价指标为双语教学提供支撑;应该将构建双语教学评价体系纳入双一流建设规划,为我校双语教学指明发展方向和运行机制。教师、系、院也应该围绕国家政策,并根据课程的教学规划,制定具体的评价考核指标。学校、学院应当定期或者不定期地对不同学科的双语课堂教学情况进行考核记录,并运用大数据等信息教育技术进行分析,从而给予有针对性的、中肯的评价。具体来说,在课程双语教学资源的开发质量和效果评估方面,需要进行多维度的评价和监督,而不是依赖过去那种单一的评价体系。课程评价的目的在于更好地实现课程的教学目标,从而达到良好的教学效果,进一步实现教书育人的教学目标。

此外,对学生的教学反馈信息要注意跟踪和调研分析,这样才能使得双语教学在高校教学当中发挥更大的作用。要因势利导,通过合理安排教学内容来进一步提升双语教学。在教学实践中,除了双语课程外,我们还要注意给学生提供更多、更丰富的双语乃至全英文阅读资料。作为多学科双语教学的提升和补充,还需要开设其他的教学课程来配合。

笔者认为,今后在双语教学当中还需要在以下几个方面继续探索和努力。

第一,要继续提升教师的双语教学水平,最好能够进行系统的培训以提升双语教学水平。

第二,注意学习方法的研究和探索。通过有效的学习方法提升广大学生的英语学习水平。教学实践中,学生英语水平不均衡,好的特别好,差的又特别差,这是影响双语教学的一个重要环节。英语不是学生的母语,所以学生在英语学习方面出现问题或者英语水平悬殊都是很正常的。双语教学的关键是要找到一种适合学生的学习方法。

第三,要在提升双语教材方面下功夫。目前国内双语教材比较稀缺,双语教材建设任重道远。其原因在于,直接采用外版教材不适合国情,而国内教师写教材的英语水平又往往不够。所以,选择好双语教学的教材是提升双语教学的一个关键环节。

第四,要继续在教学方法、教学手段和教学模式方面积极探索。教师可利用多媒体教学手段,利用智慧课堂、反转课堂和慕课等多种方法进行教学,注重因材施教,使每个学生都能找到适合自己的学习方法。教师还要根据学生的学习特性来提升双语教学的效果。

第五,要注意双语教学资源的建设,在进一步拓展课程资源方面下功夫,继续探索、挖掘双语教学的有效资源和科学方法。教师可在案例教学和学生的英文演示等方面,进一步突出双语教学的全过程教学。

总之,金融监管与双语教学融合的教学,需要扎扎实实地提升学生学习英语的水平,特别是在阅读和表达能力方面,实现专业教育和外语学习的渗透融合。

笔者近十几年在金融监管双语教学方面尽管作了一些积极的探索,但还远远不够,今后要继续努力,在金融监管学课程与双语教学融合方面再接再厉,将其打造成学生喜爱的精品课程。

金融电影在投资学专业教学中的运用分析

施慧洪

摘　要:本文对金融电影在投资学专业必修课中的使用形式进行了分析,论述了其必要性和作用。金融电影可以作为教学的素材,但如何利用这个资源呢? 本文总结了部分可利用的金融电影,以供教学探索之用。无论何种教学,其根本目标还是要培养对国家真正有用的人才。

关键词:金融危机,金融电影,投资学,《大空头》

一、金融专业教学现有安排中的不足

投资学是金融专业本科生和研究生的核心课程,目前普遍选用博迪教材,该教材也是国外 MBA 的核心教材。但在实际教学应用中,我们仍然需要补充相应的素材。

(一)对金融风险认知不足

金融危机具有巨大破坏作用,学生往往对其缺乏认识,CFA、FRM 等证书也不能替代对学生的风险教育。如何认识、防范和处置金融风险,是金融执业者必须具备的能力。这种风险处理能力,是一种战略性能力,知识、证书或成绩不能完全代表。它是一种金融思想,一种稳健的金融文化。中华文化尤其重视风险防范,但是个体对金融风险往往不够敏感。

(二)对美国金融缺乏全面的评价

美国华尔街的金融实力、美元的地位都是全球领先的。在承认美国金融业发达的同时,也要看到其不断发生金融危机的周期性规律。美国学者认为,金

作者简介:施慧洪,博士,首都经济贸易大学金融学院副教授。

融市场发达并不能避免金融危机的周期性发生,金融资本对产业资本的侵蚀,华尔街对于全球产业利润的掌控,甚至对于全球危机的放纵,一定程度上符合资本贪婪的本性。反观中国,由于金融产业主要由国有资本控制,我国安全渡过了多次危机,没有受到金融风险的巨大冲击。由此,有这几个问题需要研究:①发达的金融业能否避免周期性金融危机?②金融监管制度如何才能更加有效?③中美金融业在微观效率与宏观效率方面有什么区别?原因在哪里?未来应如何改革?

(三)对中国金融缺乏深刻的分析

西方的金融理论(如市场效率理论)认为投资应基于准确、真实、完整和及时的信息。这对于我国的证券市场注册制改革是有启发和借鉴意义的。但西方主流金融理论并不承认金融危机,反而认为即使发生了金融泡沫或金融危机,金融市场在微观运行机制上仍是有效的。而当前行为金融学的发展成果有限,不能完全解释金融危机的成因,难以动摇西方主流金融学说。所以,我们需要对中国的金融市场改革进行深入思考,现有的答案可能还不够深刻,但我们不能迷信西方的理论。

在教学过程中,金融电影可补充我们现有专业教学的不足,使学生获得更加直观、感性的认识,以帮助学生适应未来的社会需要,达到专业教育的真正目的。

二、金融电影在教学中的运用

一些美国名校(如哈佛大学)将金融电影列为金融专业学生必看内容。美国专业教育的特点就是海量专业阅读。

(一)补充教材内容,提高专业素养

《门外的野蛮人》(Barbarians at the Gate)这部电影的内容可以激起学生对股权资本如何科学定价的思考,电影形象再现了贪婪、尔虞我诈和喜欢高风险的华尔街。而学生要把电影完全看懂,得在专业上下点功夫。《抢钱世界》(Other People's Money)是一部基于美国真实故事改编的影片,从中可以了解商业法、企业兼并、商业诉讼规范、商业流程、兼并重组流程等。电影中,主人公莱瑞专门收购他人公司,再分批出售其产业进而从中获取暴利。莱瑞被许多人视为是华尔街的海盗,他认为这世上最有魅力的事物就是钱,尤其是从别人手中抢得的钱。

(二)认识到金融业健康发展需要与违法犯罪行为不断斗争

《华尔街之狼》(The Wolf of Wall Street)展现了华尔街人士对金钱的狂热,对毒品的依赖和对美色的垂涎。这些华尔街人士纸醉金迷的腐化生活背后,是对金钱的狼一般的追求。这种金钱面前的人性暴露,恐怕普通人难有例外。对于金融改革来说,摸着石头过河的策略成本高昂,因为有人会利用其漏洞却未受惩罚。所以,实现金融业的健康发展,立法先行十分重要。《华尔街》(Wall Street)反映了华尔街对内幕交易的追求:"内部交易是违法的,但不违法怎么能够发财?"这符合美国的现实。根据笔者在美国对华尔街的观察,校友聚会是内幕消息传播的灰色地带。《利益风暴》(Margin Call)告诉人们:不要轻信那些看似高端、自信的投资专家,为了保住自己的利益,他们可能会不惜悄悄送你"下地狱"!《魔鬼营业员》(Rogue Trader)反映了尼克发现并利用银行系统的漏洞,工作做得越来越好,职位也越来越高,肩上的压力却越来越大,最终付出代价的过程。在《抢钱大作战》(Boiler Room)中,赛维斯以优异的成绩通过了股票经纪人认证考试,开启了他的暴富之路,即把那些永远都没有前途的股票卖给利欲熏心的投资者。

《安然:房间里最聪明的人》(The Smartest Guys in the Room)记录华尔街有史以来最大的商业丑闻,揭露一群绝顶聪明的高级经理人如何将美国第七大企业搞垮,轻轻松松卷走十亿美金,让投资人血本无归,上万员工失去工作的故事。安然倒闭使全球五大会计师事务所之一的安达信(Arthur Andersen LLP)被吊销执照,也让国际知名的麦肯锡顾问公司受到严重影响。但是这场危机葬送了安达信,却诞生了埃森哲公司。

《反垄断》(Antitrust)讲述了一个反对金钱和高科技垄断的故事。故事中,一个斯坦福的电脑天才毕业后被科技大亨录用,负责发展全球通信系统。但当他原来准备一起创业的同是电脑天才的好友离奇死亡后,他发现老板有着复杂高级的监控系统。为了尽早地成功开发全球通信系统,老板甚至收买了他的女朋友来监控自己,并不惜杀害多位同类软件的开发人员,以谋求行业垄断地位。

（三）对金融危机保持足够的警惕

《大空头》介绍了2008年美国次贷危机的发生过程,通过影片可使我们的学生对美国金融业有更加深刻的认识,避免对美国金融制度盲目崇拜。本片将美国次级抵押贷款债券及其衍生品的起源、发展直至演变为金融危机的过程融入有趣的故事当中,将次贷担保债务权证(CDO)、夹层担保债务权证、信用违约掉期(CDS)等产品的操作技巧和手段娓娓道来,全景式地描绘了金融行业和其中形形色色的人物与故事,一定程度上揭示了危机的原因和真相。影片中,华尔街几位眼光独到的投资鬼才在2007年美国信贷风暴前就看穿了泡沫假象,通过做空次贷CDS而大幅获益,成为少数在金融灾难中大量获利的投资枭雄。《大而不倒》(Too Big to Fall)反映了美国几位实权人物(如保尔森)在2008年次贷危机中决定救助贝尔斯登,却让雷曼破产,乃至最后救助银行的过程,以及AIG、房地美、房利美等大而不倒,不能破产。这部电影从侧面反映了美国的监管制度和运作过程。《监守自盗》(Inside Job)追访全球金融业界商人、政客、财经记者,披露了金融大鳄的崛起之路,公开了业内和学界贪污腐败政策背后的惊人真相。

总之,2008年次贷危机的始作俑者并没有受到处罚,而纳税人的钱被拿去救助充满道德风险的大而不倒的金融机构。所以说,危机预防虽然不易,但却有长远效益。

（四）改善对中国社会制度的评价

在《颠倒乾坤》(Trading Places)中,替大资本家杜克掌管公司的青年温索普从事期货交易,日进斗金,是上流社会的宠儿;而黑人混混瓦伦丁却冒充残疾人在街头乞讨。他们的命运互换后的故事给观众带来反思,类似于电影《百万英镑》。这部金融电影是沃顿商学院学生必看电影清单中的第一部。

（五）反映普通百姓对资本控制的反抗

《惊爆内幕》(The Insider)讲述了两个平凡人合作对抗庞大的媒体与企业官僚组成的恶势力,试图揭露烟草公司和新闻机构间惊人黑幕的故事。这是美国历史上司法和解金额最高的烟草诉讼案。

三、金融电影观看实践分析

(一)使用方式

使用方式有以下几种:

(1)课堂播放,同学自愿写加分作业,内容可以是电影情节概要与专业知识介绍。

(2)课堂不播放,课后学生自愿写加分作业。这些作业需要学生真正观看电影并创作,老师把好质量关,指导学生修改。

(3)指定学生尤其是准备出国的同学进一步练习英语听力。

但不能要求大家都去写,那样既浪费时间,也难求实效。

(二)电影推荐

目前,除了文中介绍的电影,还有一些值得我们去发掘:①《狱中的家政女王》(Martha Behind Bars);②《华尔街:金钱永不眠》(Wall Street：Money Never Sleeps);③《死亡密码》(π),它反映了股票投机技术派的疯狂的渴望和最终的困境;④《套利交易》(Arbitrage);⑤《影子大亨》(The Hudsucker Proxy);⑥巴塞罗那;⑦拜金一族;⑧成功的秘密;⑨硅谷传奇;⑩可口可乐小子;⑪甜心先生;⑫优势合作。

投资银行学课程思政元素挖掘与融入策略①

王佳妮

摘　要：全面推进高校课程思政建设是深入贯彻落实习近平总书记关于教育的重要论述和全国教育大会精神的重要举措，也是高校落实立德树人根本任务的战略举措。本文结合投资银行学的课程特点，探讨课程思政元素的挖掘与融入策略，这对于培养新时代高素质金融人才具有重要意义。

关键词：投资银行学，课程思政，思政元素，有机融入

一、引言

全面推进高校课程思政建设是深入贯彻落实习近平总书记关于教育的重要论述和全国教育大会精神的重要举措，也是高校落实立德树人根本任务的战略举措。专业课程是课程思政建设的基本载体。深入挖掘课程思政元素，有机融入课程教学，是课程建设和教学改革中的重点，也是难点。目前，部分专业课教师在思想和实践中还存在一些问题，如：对思政元素内涵的理解较为片面、在思政元素的挖掘和凝练上感到困惑、对思政元素融入专业知识不得其法等。本文结合投资银行学的课程特点，探讨课程思政元素的挖掘与融入策略，这不仅有助于提升教师课程思政建设意识与能力，对于培养新时代高素质金融人才也有重要的现实意义。

2016 年，习近平总书记在全国高校思政政治工作上提出"思想政治工作贯穿教育教学全过程，实现全程育人、全方位育人"，全国高校关于"课程思政"的

① 本文得到首都经济贸易大学 2021 年教改立项（课程思政类）"金融类课程思政元素挖掘与教学改革路径研究——以投资银行学为例"项目资助。

作者简介：王佳妮，经济学博士，首都经济贸易大学金融学院讲师，研究方向：天使投资与风险投资。

研究开始涌现,实践之中也取得了一定进展。早期的很多研究集中在对课程思政的核心内涵、意义特征等理论分析方面,但观点不完全统一。近两年,学者们开始转向关注与专业课教学实践相关的教学改革、教学设计、思政元素挖掘、专业课教师能力等实操性问题。在具体的专业课上,覆盖的专业和学科较为宽泛,人文社科类课程相对较多,尤其是语言类、艺术类、法学类课程思政文献更为突出。少数学者对金融类课程思政进行了探索研究,指出:培养学生具有科学精神和正确的价值观已经成为金融类课程思政的核心目标(郑迎飞,2019;王明涛,2020;卞晨明,2020);还有学者从金融行业职业道德和职业素质、疫情线上教学、红色金融等视角探讨课程思政相关策略(周春英,2020;高娜等,2020;牛国良、吕勇,2020)。总体而言,投资银行学课程思政的理论研究和实践探讨还十分罕见。

投资银行学是一门专业性与前沿性高度结合、理论性与实践性不可分割的课程。在教学中,不仅要让学生掌握投资银行业务的理论知识,了解相关的国家政策及法律法规,还应该培养学生诚实守信、遵纪守法的工作品格和刻苦的业务精神(许竹,2020)。作为金融类专业的一门重要专业课,有必要结合投资银行学的课程特点和教学实际,挖掘思政元素并有机融入教学全过程,这也能为其他金融类专业课的思政建设提供参考和借鉴。

二、提炼课程知识体系中的课程思政元素

从立德树人的根本任务来看,"思想政治元素"主要是指党和国家对高校大学生思想品德的基本要求,其内容涉及习近平新时代中国特色社会主义思想、社会主义核心价值观、中华优秀传统文化教育、宪法法治教育、职业理想和职业道德五大方面。那么,如何从专业课的知识体系中挖掘和凝练这些元素?本文建议从课程所涉专业、行业、国家、文化、历史等多个角度来挖掘和凝练思政元素,思政元素和课程知识在内容上要做到相互支撑、内在统一,形成一个有机整体。

投资银行学这门课的内容具有跨学科、应用性和时代性特点,课程本身就蕴含了丰富的思政元素。比如第一讲"投资银行概述",可结合中国社会主义建设的伟大成就探讨一些问题,加深学生对中国资本市场及投资银行业务发展历史的认识,提升四个自信;通过引入案例、中外对比,引导学生了解世情国情,尤其是感受中国投资银行的机构发展和业务创新,增强爱国情怀。又如"中国证券发行监管制度"章节,通过法规解读、案例分析,帮助学生深刻理解证券发行与承销业务的工作流程,铭记发行人依法办事的工作要求及投资银行从业人员勤勉职责、诚实守信的工作原则,树立法治意识并自觉实践职业规范。

党的十八大以来,习近平总书记站在战略和全局的高度,围绕金融工作的重要性、金融与实体经济的关系、防控金融风险、金融改革等问题作出了一系列重要论述。这些内容与专业知识密切相关,同时也是思政育人的重要资源。2019年2月22日,习近平总书记在中共中央政治局第十三次集体学习会议中指出,"金融是国家重要的核心竞争力……金融要为实体经济服务……"。作为现代金融体系不可缺少的环节,投资银行业在提升直接融资占比和服务实体经济方面作出了重要贡献,优势也非常突出。在讲授投资银行各个业务时,会引入大量行业实际数据及典型的投融资事件,让学生体会金融机构在服务企业上市、推动民营企业改革创新、助力国有企业转型升级等方面的作用,领悟金融的本质。

三、运用"润物无声"的课程思政教学方式

课程思政的育人效果要达到"润物无声",其关键在于优化和改革传统教学方式。笔者以首都经济贸易大学金融学院在读学生为对象,于2021年10—12月开展问卷调查,最终回收有效问卷970份(其中本科生658份)。调研结果显示:本科生最偏好的教学方式前三项为"案例故事和案例讨论"(72.04%)、"短视频/动画、线上学习等形式"(56.84%)及"与学生实际需求相结合"(40.12%);而学生最希望教师在专业课中关注的三大需求和痛点为"职业素养与专业知识的融合"(57.90%)、"学习方法和信息渠道的拓展"(48.48%)及"社会热点问题的关注和了解"(39.51%)。由此可见,专业课教师不是将思政元素强行植入,而是以"学生为本"——关注学生的实际需求和痛点、使用学生喜欢的教学方法开展课程思政。在投资银行学教学过程中,我们重点梳理了十个课程思政的切入点,相关的思政元素和教学方式见表1。

表 1　投资银行学专业知识体系中蕴含的思政元素

	教学内容	思政元素	教学方式	育人目标
1	结合社会主义建设的伟大成就,讲授中国资本市场以及投资银行业务的发展历史	四个自信	课堂讲解、引导阅读、观看纪录片	(1)新中国成立 70 多年,我国金融业的发展取得了巨大成就。 (2)投资银行机构和业务,从生长发展到规范发展,再到创新发展、开放发展,不仅依靠专业服务能力的提升,还离不开宏观经济、法制环境、监管制度的基础保障。 (3)正确认识国家强大与金融发展的关系,感受改革开放对资本市场和投资银行业发展的积极影响,促使学生坚定四个自信
2	中外投资银行业发展的对比	爱国情怀	理论讲解和案例教学	(1)投资银行业要实现高质量发展,需要学习和借鉴西方先进经验,尤其是提高专业服务能力和投资能力。 (2)国内金融机构要立足本国国情,更好地服务于国家战略,在助力实体经济转型升级方面有新的作为。 (3)通过国际比较,增强政治认同和爱国情怀
3	结合法律法规,讲授中国证券发行监管制度	责任意识和法治意识	课堂讲解、引导阅读	(1)理解证券监管的目的——维护资本市场秩序、保障投资者合法权益。 (2)理解中国监管模式和制度建设的基本内涵。 (3)理解监管的责任与担当,坚守底线思维,有效防范和化解金融风险
4	结合上市公司事件,讲授监管要求	企业诚信意识和法治意识	理论讲解和案例教学;警示教育	(1)提高上市公司质量的落脚点主要体现在提升其诚信意识和法治意识上。 (2)上市公司要按照法律法规履行有关义务和责任。
5	结合证券公司案例,讲授 IPO 保荐业务以及从业要求	责任意识和法治意识	理论讲解和案例教学	(1)了解《证券法》《证券发行上市保荐业务管理办法》。 (2)了解投资银行的保荐职责和履行的勤勉尽责义务,强化责任意识和法治意识

	教学内容	思政元素	教学方式	育人目标
6	债券发行与承销业务	弘扬社会诚信文化	混合课程(微课+线下);警示教育	(1)从经济角度理解信用的内涵以及基于信用特征来发行债券产品和工具。 (2)信用的层次是多样的,需要从国家、金融机构、企业、个人多个层面理解信用的重要性
7	结合国企混改,谈企业并购的动机、过程以及投资银行机构的角色定位	习近平总书记关于金融工作的重要论述	理论讲解和案例教学	(1)学习党的十九届六中全会和中央经济会议精神;理解国家经济和金融改革政策。 (2)投资银行不仅是助力国企改革的服务机构,也是国企改革的投融资合作机构
8	创业投资对于创新创业的重要性	习近平总书记关于金融工作的重要论述	理论学习和案例教学	(1)理解创业投资与其他业务的区别,发展创业投资对于构建现代金融体系的重要性。 (2)理解创业投资机构对于促进企业创新和成长的作用
9	投资银行机构在企业投融资中发挥的作用	求真求实、创新进取的科学精神	引导阅读、小组研讨	(1)培养学生发现问题、分析问题的能力和创新思维。 (2)培养学生团队合作及语言表达能力
10	投行视角下的职业规划	职业理想和职业道德教育	混合课程(微课+线下)	(1)理解金融从业人员的专业伦理和职业素养。 (2)个人成长发展与祖国前途命运紧密相连

(一)通过案例教学让课堂"活起来"

把枯燥的思政内容转化成"有趣有料"的案例形式,即引入典型事件和代表性机构的例子,将思政元素以"不留痕迹"的方式融入课程内容。比如:在投资银行学课堂中,教师可以从企业暂缓上市、企业财务造假以及证券公司受罚等事件谈上市公司高质量发展及证券监管措施,从科创板和北交所的推出、创业投资和并购基金的交易谈金融如何服务于实体经济等,将时事、案例以文字、图表、动画、小视频等多元化方式引入课堂,增强课堂趣味性。正面案例的学习可以鼓舞人心、激励学生的担当和作为,而负面典型有助于强化警示教育。这些都能促使学生主动关注现实、思考问题。

(二)通过研讨式教学让学生"沉下心"

不同于传统教学模式,研究性教学是以学生及探究式学习为主体,侧重提高大学生的创新能力。设置一些思考题、研究课题,把思政元素融入研讨互动环节,比如:改革开放对资本市场发展有什么影响?注册制对证券公司投资银行业务有什么影响?如何看待蚂蚁集团暂缓上市、滴滴公司美股退市?通过研讨式教学、合作式学习,增强学生勇于探索的创新精神、善于解决问题的实践能力。

(三)通过关注学生的实际需求和痛点,让授课"接地气"

现实中,很多学生只知道书本上的理论知识,对金融行业和金融机构的实际情况了解较少,对个人职业规划感到迷茫和焦虑。因此,可以安排"投资银行与职业规划建议"专题课,结合实例来介绍相关的职业发展、求职应聘、考证考级等问题,同时引入"学长学姐谈经验"小视频,增加课堂的实用性,帮助学生了解职场、深入实践,引导学生树立职业理想、增强职业责任感。从调研反馈和育人效果来看,这项专题学习内容有很强的启发意义,深受学生欢迎。

四、结束语

实践经验表明,投资银行学课程思政的实施能够促使学生成长与教师发展"双促双提升"。一方面,通过投资银行学这门课程的学习,学生能够对传统及创新的投资银行业务有一个清晰、透彻的了解,系统掌握现代投资银行机构各项业务的运作原理,了解行业相关的国家战略、法律法规和相关政策,深入社会实践、关注现实问题,显著提升独立思考能力及实际分析解决问题的能力,有助于培育学生经世济民、诚信服务、德法兼修的职业素养。另一方面,通过课程思政的理论学习和实践探索,教师能够不断增加课程的知识性、人文性,提升引领性、时代性和开放性,全面提升育人的意识和能力。

课程思政的本质在于传播正能量、实现立德树人。因此,本文认为:思政元素可以是国家宏观层面的相关素材,也可以来自现实生活和实践的真人真事,凡是满足教学需要和提升育人效果的资源,皆可利用。课程思政的具体实施要精耕细作、隐性植入、有机融合,最大限度地获得学生的内在认同。正如习近平总书记在 2014 年中共中央政治局第十三次集体学习中指出的：一种价值观要真正发挥作用，必须融入社会生活，让人们在实践中感知它、领悟它。要注意把我们所提倡的与人们日常生活紧密联系起来，在落细、落小、落实上下功夫。

参考文献：

[1]卞晨明.关于把思政教育融入专业课程的教学设计探索：以《证券投资实务》为例[J].知识文库,2020(20 下):83,85

[2]王明涛."投资学"课程思政元素挖掘与教学[J].科教导刊,2020(8):122-123.

[3]许竹.课程思政在《投资银行实务》课程中的探索与实践[J].商业经济,2020(11):195-196.

[4]郑迎飞.高校课程思政教学改革的思考：以《投资学》课程为例[J].高教学刊,2019(4):141-143.

[5]周春英.基于课程思政理念的金融类专业课程教学设计：以客户经理课程为例[J].山西经济管理干部学院学报,2020(3):93-96.

学以致用——本科生金融学研究性教学方法探究

王姝勋

摘　要：学以致用的金融学教学设计不仅对于激发学生学习兴趣、提升学生学习效果至关重要，而且有助于培养金融创新人才、服务于国家战略发展新需求。本文探索金融学研究性教学方法，尝试以前沿学术论文为案例传授学生金融学基础知识，同时以复刻前沿学术论文为考核方式，并在课后指导学生参加学科竞赛检验实践效果，以此培养本科生的金融学研究能力，为创新金融学课程教学方法提供新思路。

关键词：金融学，教学方法，研究性教学

一、引言

本科生的金融学课程教学具有较强的应用性和综合性。学以致用的研究性金融学教学设计不仅对于激发本科生学习兴趣、提升本科生学习效果至关重要，对于培养金融创新人才、服务于国家战略发展新需求也举足轻重。本文重点探索如何有效运用研究性教学方式建设学以致用的新型金融学课堂，对本科生进行金融学科研训练，培育学生扎实的理论基础和卓越的实践能力。研究性教学可以帮助学生领略金融学科学术前沿，引导学生进行研究性学习和批判性学习，同时结合各种学术创新竞赛和实践活动，不断巩固研究性教学的训练成果，这些将对学生毕业升学乃至职业规划产生深远影响。以思政教育作为宏观指向，有利于培育关注国家金融热点现象、勇于建言献策的青年金融人才。

二、传统金融学课程设计存在的不足

"学"和"用"出现割裂，金融学理论知识"用"的不足会降低学生对于"学"

作者简介：王姝勋，经济学博士，首都经济贸易大学金融学院副教授。

的兴趣,出现"理论知识用不上"的错误认知,极大地降低学生学习的成就感。在和学生的交流过程中,我们发现学生往往不知道如何将所学知识应用于科研活动和学科竞赛,缺乏成就感,不知道做什么、怎么做的迷茫感导致本科生不愿参加科研项目以及高质量的学科竞赛。而个别科研项目和学科竞赛重复度高、实用性低、方法单一,尤其缺少体现金融学专业知识对经济发展现实问题的解释力与指导力。

三、研究性金融学课程设计方案

(一)课程设计与学术前沿研究相结合

首先,在课堂上利用金融学专业知识帮助学生提出一个"好"问题。在校大学生的课业负担较重,学生很少有机会去体验象牙塔外的真实市场,很难去发现一个"好"问题。金融学课程设计中可以在讲授知识点的同时告诉同学们哪些经济现象是有价值的好问题。为此,可在课程设计中对金融学中的新知识进行讲解,如混合所有制、互联网金融等或者解释与现行经济政策相悖的现象,如屡禁不止的"地下钱庄",可以探讨原因并为制定新的政策或解释制度变迁提供理论依据等。

其次,在课堂上强调如何利用规范的社会科学方法解决实际问题。金融学课程中对弗里德曼货币需求理论的讲解涉及理论假说的提出、经验数据的搜集、模型的拟合以及对参数的解释等一整套说明利率如何影响货币需求的规范分析方法。而这一套分析方法就是学生完成创新性研究项目设计会用到的核心技能。

最后,研究性教学设计可精选核心期刊的经典文献,将相关文献作为学习金融学知识的切入点,从金融学学科出发遴选若干热点着力加以研究讨论,紧扣学术前沿,培养学生阅读文献、自主学习的能力,对金融学问题作定性分析。这种教学设计有助于培养本科生学术素养,为以后的深度学习夯实基础。

(二)以复刻前沿学术论文为考核方式

研究性金融学课程设计可以输入与输出的交互为重点,培养学生的实践能力。通过论文复刻的形式让学生进行研究性学习,能够激发本科学生学习金融学知识的主观能动性。课程考核可要求同学们选取近五年发表在《经济研究》

《金融研究》《管理世界》等中文权威期刊的一篇论文进行复刻,成绩按团队统一给分,重在培养学生团队合作的能力。课堂具体实施可仿照论文写作,开展论文审稿对垒,即在答辩方展示复刻报告后,由审稿方指出复刻论文存在的问题,双方可利用专业课程知识就论文进行互辩。具体来说,可在学期初,要求同学组队和选题;在学期前期,随机抽取小组提交选题报告,对选题的可行性和借鉴价值进行分析;在学期中期,随机抽取小组进行中期汇报,报告项目进展,咨询教师解决项目难点;在学期后期,随机选拔小组进行汇报展示;在学期末,组织各个小组进行论文复刻展示。学生遇到问题时,可为学生推荐自主学习平台和资料,鼓励他们自主探索解决研究中遇到的问题,进而激发对金融学的学习兴趣。

(三)以学科竞赛检验实践效果

大学生有很多机会参加各种学术创新竞赛和实践活动,研究性金融学教学可以在其中发挥重要作用。这种教学还可以增强学生在学术研究的获得感,帮助他们学以致用,并以此充分调动学生学习的积极性,变被动学习为主动学习。课堂教学中的前沿案例解析环节,可切实提升学生运用金融学理论知识解释经济规律的能力以及运用科学方法解决实际问题的能力,实现本科生学科竞赛参赛数量和作品质量的双提升。在大学生创新创业赛、挑战杯全国大学生课外学术科技作品竞赛中,定期指导进一步提高了文章质量,在答辩中接受外部的专家评审,也增强了金融学研究的说服力和可信度。

四、研究性金融学教学方法的成果转化

(一)提升金融学专业毕业论文质量

实施研究性金融学教学方法可以为本科生顺利完成符合学术规范的毕业论文提供极大帮助。2018 年,教育部印发《关于加快建设高水平本科教育全面提高人才培养能力的意见》,明确提到"加强对毕业设计(论文)选题、开题、答辩等环节的全过程管理,对形式、内容、难度进行严格监控,提高毕业设计(论文)质量"。毕业论文是本科学生综合能力的最终体现,采用研究性金融学教学方法,可以帮助本科生在课程学习中掌握如何进行规范的金融学研究和论文写作。

（二）团队合作与学术论文发表

研究型学习离不开团队合作，本科生团队意识的培养至关重要，有助于学生形成团队意识和协调能力。同时，对于本科高年级学生，可将其完成的较为完善的金融学论文投稿于相关学术会议或国内外学术期刊，或者将学术成果在高水平学术会议上宣讲。在专家的帮助下，学生可在"知"和"行"之间融会贯通，在收获高水平修改意见的同时，学会如何写好学术文章，进一步提高学术修养。

（三）毕业升学与未来深造

教师可在学生的未来规划方面提供参考意见，注重培养学生的前瞻意识，鼓励学生发表高质量的专业论文，进行有价值的金融学研究，为将来独立从事金融相关工作奠定基础。这方面能力的培养对于本科生今后的发展十分有益。具体来说，参与研究性金融学课程学习的同学可以凭借优秀的学术论文成果为研究生入学考试复试、入选推荐免试攻读研究生夏令营、申请海外博士或者学术型硕士项目提供助力。

五、结语

本文探究了金融学研究性教学方法，尝试转变传统传授模式，建设紧密结合学术前沿的金融学课堂。我们以前沿学术论文为案例，传授学生金融学基础知识，激发学生学习的主观能动性，同时以复刻前沿学术论文为考核方式，并在课后指导学生参加学科竞赛，以检验实践效果，重点培育学生运用金融学基础理论解决实际问题的能力，让学生了解世界格局、社会形势、国家政策，并紧密联系当下热点金融现象，以发展中国金融为目标，培养扎根于祖国大地的金融学研究型人才。

增强学生协作以提高本科毕业论文创新水平的研究①

谢　飞

摘　要：本文首先分析了目前本科生毕业论文所存在的问题以及影响毕业论文质量和创新因素，在此基础上，提出了学生之间的协同合作是影响毕业论文创新水平的因素之一。接着从协同合作可以提高学生的创新能力、营造论文撰写的同伴氛围以及增强师生团队沟通的效率三个方面，探讨了协同合作能够提高本科毕业论文创新的可行性。最后建议教师在指导学生毕业论文的过程中，应该注意增强学生间的协同合作来进一步提升论文的质量和创新水平。

关键词：协同合作，毕业论文，创新

一、本科毕业论文创新的影响因素分析

本科生毕业论文是对之前所学专业知识的一次比较全面的运用，论文撰写中，发现问题、运用理论分析问题、得出结论的过程让学生得到一次学以致用的全面训练，写作和答辩的环节是对毕业生写作论述能力、获取信息的能力、文档制作能力、表达能力等综合素质的一次全面的考验。

本科生毕业论文普遍存在着一些问题，论文的学术规范性不足、选题价值不高、很难有创新性。影响本科生论文质量和创新程度的因素很多，相关研究也对这些因素进行了分析，揭示出了其中缘由。总的来说，影响毕业论文质量和创新的因素包括毕业生的态度、导师的学术水平、双方可投入的时间、学生与导师的沟通程度、科研条件、毕业设计答辩的严格程度等。现实中，本科生在毕

---

①　项目资助：首都经济贸易大学教改立项（2021）青年项目"本科毕业设计（论文）中增强学生协作创新研究"。

作者简介：谢飞，山西运城人，博士，首都经济贸易大学金融学院副教授。

业论文之前普遍没有撰写学术论文的经历,指导本科生论文需要花费很多时间,而很多教师还有研究生指导工作,再加上部分高校的教学任务量也很大。这些情况都限制了导师可投入的时间,使得可以花在本科论文指导上面的精力有限,本科论文的水平在达到基本毕业要求的基础上,很难有创新。

相关的一些研究提出了一些改进的措施。杨捷和邢伟(2008)提出了通过提高经济管理类本科毕业设计论文选题质量,进而提升论文的整体质量。齐丹(2010)认为应在毕业论文管理环节上宽严相济,提升论文质量。张全利(2019)提出在论文选题和问题解决方案上放宽,在指导教师把关和论文环节管理上严格,以提升论文水平。甘奇慧和任屿(2020)探讨在学生培养环节增强毕业论文的导向性,提高导师指导论文的报酬水平,提高过程管理的严格性、细致性并在专门的平台留痕,以促进学生端正写作态度从而提高论文水平。王新华、蔺永正和马玉真(2021)讨论在网络环境下,高校如何利用网络优势指导学生,提升毕设质量。赵微巍和刘传霞(2021)探讨通过制度保障、过程监控、师资队伍建设和关键环节把控几个方面提升本科毕业论文的质量。

但是,这些研究普遍没有关注增强学生之间的协作对于提升论文质量和论文创新性的作用。本文在已有研究结论和现实经验的基础上,从不同角度分析了增强学生间的协同合作,以提高毕业论文创新水平的可行性。

二、协同合作提高论文创新水平的可行性分析

(一)协同合作是大学生创新能力的来源之一

对于创新能力的内涵,我国学者姚燕平认为:"创新能力由智力因素和非智力因素综合而成,创新思维、创新人格和创新技能是创新能力的具体构成要素。"学生之间相互讨论增强交流有助于启发创新思维,在合作中学生可以开拓自身的眼界,转换看待问题的视角,增强对论文选题的认知和理解。交流讨论中,难免出现分歧和不同的意见,在说服他人的过程中,学生可以更清晰地捋顺思路,学会评价和比较不同的观点,学会倾听并养成"对事不对人"客观讨论问题的习惯,这对目前以独生子女为主的大学生群体更为必要。学生各有特点、各有所长,学生中有的擅于写作表达、有的擅长数学推导、有的擅长信息搜索,而完成毕业论文需要综合的能力,同学们在合作交流中可以取长补短,更好地

提高各项技能,提高论文写作水平和创新水平。

(二)协同合作可以营造论文撰写的同伴氛围

王程乙等(2020)认为,创新能力是指在轻松、自由、民主的氛围中,人们萌发好奇心和兴趣,产生创新意识并进行创新实践、解决各种现实问题的能力。从教育心理学的角度看,中国学生的社会规范型动机要高于自我生发型动机,现代大学生的学习动机"社会性"特点依然凸显,即容易受到他人、集体和社会要求或期待的影响(张华峰等,2021)。因此,要想有效提升学生论文的创新水平,紧密的同学伙伴关系、互动良好的写作氛围必不可少。同学间相互交流沟通,可以增强各自对于知识收获和技能提升的内在动机,反过来也可以促进他们的同窗情谊,形成一个良性循环。内在和外在的动机相互作用,可有效提升学生撰写毕业论文的意愿和创新创造的动力。

(三)协同合作可以增强师生团队沟通的效率

按照目前的毕业论文指导数量,一个教师往往要指导本专业和辅修专业的多名本科生,除了在一些答辩节点上可以跟学生们集体沟通,在具体的论文选题、论文修改、写作方法指导方面则要跟每一个学生单独沟通。如果学生之间缺乏协作机制,集体指导时大多也是师生一对一的交流,缺乏学生横向间互动,那么对学生和老师来说效率都比较低。教师有教学任务、研究生指导和科研工作,花费在每一个本科生上的精力和时间受到约束。如果可以依据选题或者其他角度对本科毕业生进行分组,以小组的形式进行指导,可以有效改善现状:一方面,老师可以针对学生共同存在的问题开展集体讨论和指导,节约时间,提升效果;另一方面,学生之间可以分工合作,有的负责查找数据,有的负责论证方法,有的负责查找共同的资料,各取所长,降低难度,发挥自身的优势,以更多的精力去实现毕业论文的创新。

因此,导师在指导学生撰写毕业论文的过程中,应该关注如何增加学生之间的协作,让学生之间多进行横向的交流,发挥学生的特长,营造良好的论文撰写氛围,促使学生互相取长补短,发挥出个人的比较优势,提高师生团队的沟通效率,进而提高学生毕业论文的整体质量和创新水平。

参考文献：

［1］杨捷,邢伟.提高经济管理类本科毕设选题质量的措施分析[J].陕西教育(高教版),2008(11):103-104.

［2］齐丹.注重过程,灵活管理,确保本科毕业设计质量[J].知识经济,2010(15):148.

［3］张全利.不同环节"宽""严"相济,提升本科毕设质量[J].科技风,2019(23):239.

［4］甘奇慧,任玙.本科生毕业论文质量提升的路径研究[J].大学教育,2020(8):160-163.

［5］王新华,蔺永正,马玉真.网络环境下高校毕业设计的线上指导模式探索[J].中国现代教育装备,2021(11):4-5,11.

［6］赵微巍,刘传霞.新工科背景下本科毕业论文质量提高的探索与研究[J].中国多媒体与网络教学学报(上旬刊),2021(8):144-146.

［7］王程乙,田丹,朱明仕.论大学生创新能力培养的问题与对策[J].长春师范大学学报,2020,39(3):165-168.

［8］张华峰,史静寰,周溪亭.进入普及化阶段的中国大学生学习动机研究[J].清华大学教育研究,2021,42(4):141-148.

［9］姚燕平.创新教育呼唤教育创新[J].教育研究,2000(3):32-36.

投资学课程蕴含的思政元素思考

徐新扩

摘　要:投资学及其相关课程蕴含着丰富的思政元素,本文在习近平新时代中国特色社会主义思想指导下,探讨投资学与社会主义现代化建设、投资学与共同富裕、投资学与新发展理念以及投资学与美丽中国建设之间的关系,说明投资学及相关课程的教学工作如何为新时代国家和社会的建设贡献力量,从而为课程思政背景下投资学及其相关课程教学工作的有效开展提供思路和参考。

关键词:习近平新时代中国特色社会主义思想,课程思政,投资学,思政元素

投资学及证券投资学、证券投资分析、财富管理、基金管理、投资银行学等相关课程蕴含着丰富的思政元素,如何将这些思政元素挖掘出来,将思政和专业相结合,在投资学及相关课程的教学中有效地开展课程思政,全面提高学生的思想政治素质和专业素质,是值得思考和探索的理论与实践问题。本文以习近平新时代中国特色社会主义思想为指导,从投资学与社会主义现代化建设、投资学与共同富裕、投资学与新发展理念以及投资学与美丽中国建设等几个方面讨论投资学及相关课程所蕴含的思政元素,为课程思政背景下投资学及相关课程教学工作的有效开展提供思路和参考。

一、投资学与社会主义现代化建设

习近平总书记在党的十九大报告中指出,坚持和发展中国特色社会主义,

作者简介:徐新扩,博士,首都经济贸易大学金融学院副教授、博士生导师。

总任务是实现社会主义现代化和中华民族伟大复兴,在全面建成小康社会的基础上,分两步走,在本世纪中叶建成富强、民主、文明、和谐、美丽的社会主义现代化强国。投资学研究的是如何进行投资的问题。辩证来看,投资活动背后实际上对应着融资活动。投资活动、融资活动以及金融市场的发展能够为社会主义现代化强国的建设提供必要的资金、资本和资源的支持。投资学及相关课程的教学和研究因而能够为建成社会主义现代化强国贡献力量。在实际教学中,可以举例说明投融资活动及相关市场发展如何推动了社会主义现代化强国的建设,比如碳金融和碳交易市场发展的例子可以说明相关市场发展如何促进了美丽中国建设。

二、投资学与共同富裕

习近平总书记在党的十九大报告中指出,新时代我国社会主要矛盾是人民日益增长的美好生活需要和不平衡不充分的发展之间的矛盾,必须坚持以人民为中心的发展思想,不断促进人的全面发展、全体人民共同富裕。投资学研究个人和家庭如何进行资产配置的问题,这有助于促进人的全面发展。合理的资产配置能够帮助人们获得更加美好的生活体验,使人们生存和发展得更好。比如,投资国债既可以支持国家发展和建设,又能使人们获得稳定收益以满足生活开支;投资货币型基金在满足人们流动性需求的基础上,还可以使人们获得一定的收益;投资教育金等保险产品可以满足子女未来教育上的资金需求。

走向共同富裕过程中的一个重要问题是如何缩小收入差距。收入不平等的构成,既包括工资性收入的不平等,又包括财产性收入的不平等。投资学涉及个人和家庭的教育投资的规划问题,教育上的投入实际上能够增加个人和家庭的人力资本,工资是人力资本的回报,人力资本的增加能够提高工资性收入。事实上,低收入群体的教育投入具有更高的边际产出。因此,可以通过教育促进政策以及鼓励具有较强学习能力的人接受更多的教育,提高人们的工资性收入,以此缩小工资性收入差距。这是投资学这门课程对于如何促进共同富裕的一个启示。

如何缩小财产性收入不平等也是走向共同富裕过程中需要关注的重要问题。投资学的相关理论告诉我们,不同财富水平的人对投资工具有着不同的选择。长期来看,相对于债权类投资而言,股权类投资具有更高的平均收益率,同时也具有相对更高的风险。通常而言,财富水平较高的人具有更高的风险承受能力,为了获得更高的收益,他们会持有更高比重的股权类资产。长期下来,财富水平较高的人能够获得更高的财产性收入,这会进一步放大财产性收入的不平等。二次分配和三次分配都不能很好地解决这一问题。投资学及相关课程对投资工具的分析启示我们,如果能够开发出更多适合中低收入群体的以股权为主要底层资产的投资工具,将会缓解财产性收入差距的持续放大。为广大群众设计出更好的投资产品、提供更优的投资服务也是当代投资领域从业者的时代使命。

三、投资学与新发展理念

习近平总书记在党的十九大报告中指出,发展是解决我国一切问题的基础和关键,发展必须是科学发展,必须坚定不移地贯彻创新、协调、绿色、开放、共享的发展理念。在投资学及相关课程涉及的实践教学环节,可以引导学生关注新发展理念下的投资机会。根据供需原理,对新兴行业的投资将使这些行业具有更高的价值。更高的投资价值将使企业的融资成本更低,从而使这些企业取得更好的发展。实际教学中可以举一些高科技企业融资和发展过程的例子来说明这一原理,并讨论启示意义。

习近平总书记在党的十九大报告中指出,必须坚持和完善我国社会主义基本经济制度和分配制度,毫不动摇巩固和发展公有制经济,毫不动摇鼓励、支持、引导非公有制经济发展,使市场在资源配置中起决定性作用,更好地发挥政府作用,推动新型工业化、信息化、城镇化、农业现代化同步发展,主动参与和推动经济全球化进程,发展更高层次的开放型经济,不断壮大我国的经济实力和综合国力。资本市场有望在实现国家发展目标的过程中发挥重要作用,而资本市场特征、结构与发展也是投资学课程的重要研究内容。在课程讲授过程中,可以通过股权分置改革讨论所有制改革在经济发展中的作用;通过新能源行业和高污染高排放企业近年来股价走势的差异说明市场在资源配置中的作用;通过"股灾"以及政府的"救市"行为说明"无形之手"的局限和"有形之手"的作用;通过"沪港通""深港通""沪伦通"的例子说明投资领域高水平开放的重要意义。

习近平总书记在党的十九大报告中指出,我国经济已由高速增长阶段转向高质量发展阶段,正处在转变发展方式、优化经济结构、转换增长动力的攻关期,建设现代化经济体系是跨越关口的迫切要求和我国发展的战略目标。有效的投融资体系能够为经济转型和建设现代经济体系提供金融支持,投资学及相关课程在讲授投资工具和证券市场等内容时可以对此有所强调。比如,在讲授投资工具的内容时,可以绿色债券的例子说明绿色投资工具如何促进经济转型;在讲授证券市场的内容时,可以碳配额市场为例,说明证券市场如何为现代经济体系建设作出贡献。

四、投资学与美丽中国建设

习近平总书记在党的十九大报告中指出,建设生态文明是中华民族永续发展的千年大计。总书记强调,必须树立和践行绿水青山就是金山银山的理念,坚持节约资源和保护环境的基本国策,像对待生命一样对待生态环境,统筹山水林田湖草系统治理,实行最严格的生态环境保护制度,形成绿色发展方式和生活方式,坚定走生产发展、生活富裕、生态良好的文明发展道路,建设美丽中国,为人民创造良好的生产生活环境,为全球生态安全作出贡献。在投资学及相关课程的教学中,需要向学生传授正确的投资观念,引导学生树立和践行绿水青山就是金山银山的理念,认识节约资源和保护环境的基本国策,在未来从业过程中注重环保和可持续发展,避免片面追求经济利益。此外,可以通过讲授绿色投资工具、碳资产、碳交易市场、排污权交易、绿色金融指数、碳中和指数等内容,说明绿色投资工具和绿色投融资活动能够为生态文明建设、为绿色发展和绿色生活方式的形成、为美丽中国建设贡献力量。

五、结语

在社会主义现代化建设、共同富裕、新发展理念以及美丽中国建设等方面,投资学及相关课程蕴含丰富的思政元素。在社会主义现代化建设方面,投资学及相关课程的教学中,可以举例说明投融资活动及相关市场发展如何推动了社会主义现代化强国的建设。在实现共同富裕方面,对资产配置问题的讲解可以说明投资工具和投资活动如何帮助人们获得美好生活和全面发展,对人力资本投资问题的讨论可以说明教育投资如何缩小工资性收入差距,对投资工具风险收益特征差异的分析能够说明适合中低收入群体的投资工具的开发有望缓解财产性收入差距的持续放大。在新发展理念方面,可以通过对资产定价机制的讲解说明投资活动如何促进资金和资源更好地向新兴行业倾斜,通过股权分置改革、资本市场开放等方面的实例,说明投资机制和资本市场改革如何为我国的改革开放作出贡献,还可以通过实例说明投资工具创新如何促进经济转型和现代经济体系建设。在美丽中国建设方面,在投资学及相关课程的教学中,需要向学生传授并引导学生树立和践行"绿水青山就是金山银山"的理念,树立正确的投资观念,避免片面追求经济利益;还可以通过实例说明绿色投资工具和绿色投融资活动如何为美丽中国建设贡献力量。

参考文献:

[1]冯丽娜.课程思政视角下投资学专业人才培养探析[J].内蒙古财经大学学报,2021,19(1):29-32.

[2]汤洋.高校专业课"课程思政"教学改革探索与实践:以投资学为例[J].科学咨询(科技·管理),2021(8):147-148.

[3]王世群,李海燕."证券投资学"课程思政教学改革的思考与探索:基于"常识、初心、专业、梦想"的视角[J].教书育人(高教论坛),2021(15):90-91.

[4]张晓芳,孙西超,潘玉荣.《证券投资分析》课程思政教学改革研究[J].产业与科技论坛,2020,19(16):215-217.

[5]郑迎飞.高校课程思政教学改革的思考:以《投资学》课程为例[J].高教学刊,2019(4):141-143.

立足首都"两区建设",打造国内一流金融科技专业

余颖丰

摘　要:结合北京"十三五"发展蓝图以及首都功能定位,为适应新时代学科建设要求,金融学院在 2017 年成立金融科技中心,2019 年底建成 130 平方米的金融科技实验室,内设 60 台高性能 GPU 人工智能服务器。如何利用好金融科技实验室平台,为金融学院夯实国家、北京"双一流"专业建设成果,是我们在"十四五"开局之年亟待回答的核心问题和研究命题。基于此背景,本文展开研究,明确了"十四五"时期发展的具体路径和相应举措。

关键词:金融科技,两区建设,课程思政

一、现状与背景分析

对于如何立足首都"两区建设"打造国内一流金融科技专业,我们认为:

(一)呼应国家对金融与科技两大维度创新发展的需要

"百年未有之大变局"是当下的时局,金融行业正身处新一轮以人工智能、区块链、量子计算等前沿科技引领的数字经济发展洪流之中。目前国家对金融业发展,尤其是科技与金融的深度融合高度重视,相继出台了若干产业政策。2017 年,国务院颁布《新一代人工智能发展规划》,2019 年,中国人民银行印发《金融科技(Fintech)发展规划(2019—2021 年)》,随后各地陆续出台了相关的金融科技产业发展规划。金融科技等前沿高端服务领域更是成为我国各地自贸区改革方案、数字经济发展规划中的重点建设任务。

作者简介:余颖丰,北京市人,金融学博士,首都经济贸易大学金融学院副教授,主要研究领域:金融科技、宏观金融、人工智能。

(二)融入首都"十四五"时期"两区建设"发展的需要

北京"两区"建设规划凸显科技创新、数字经济新特点,其中对金融科技产业发展提出明确要求。《北京市"十四五"时期现代服务业发展规划》提出金融科技创新领先优势,聚焦支付清算、监管科技、智能金融,推动金融科技要素集聚和重大项目落地,研究机构开展金融科技底层关键技术、前沿技术研发,在新技术领域尽快形成一批知识产权和专利,打造金融科技前沿创新高地。金融学院作为金融领域的国家、北京双一流专业建设点,不能辜负时代,更应抓住机遇、乘势而上,勇挑金融科技人才培养大梁,与首都发展联动,融入新发展格局。本文的研究正合时宜,是回答伟大时代命题的"必答题",不是"选择题"。

(三)落实"交叉学科"建设目标的需要

2021 年首都经济贸易大学金融学院、统计学院以及工商学院,联合申报教育部"交叉学科"并获批,其中金融科技交叉学科建设由金融学院牵头。申报书中明确了金融科技教学与科研体系框架和发展路径,本研究将使我校交叉学科建设更加聚焦。

(四)聚焦"双一流"建设的需要

2017 年,金融学专业成功入选北京市一流专业建设;2020 年,金融学科入选教育部"双万计划"名单,入选首批国家级一流本科专业建设;2021 年金融工程专业入选国家一流专业建设。早在 2019 年,已建成基于人工智能芯片(GPU)集群的金融科技实验室。金融学院"十四五"规划中也对金融科技教学与科研体系提出了相应要求。

(五)延续前期教改精神的需要

2018 年《因材施教,"提前半步走"培养拔尖本科生的探索与实践》获得市级一等奖,2016 年《"微创"模式破解新兴学科筹建的"三性困局":以量化金融学科建设为例》获得校级二等奖。教改相关奖项的核心是"勇闯专业、课程建设无人区",抓专业建设、抓课程、抓教材、抓学习技术方法和抓教师团队建设。金融学院以量化金融为起点,建立起了"量化金融+金融科技"融合联动的国内前沿的专业体系,已经打造了成熟的课程核心体系,其中包括计算金融等八门核心课程和量子计算在金融中的应用等国内前沿的四门创新课程,原创性教材两部。同时,利用成熟专硕课题体系,辐射本科教育,倒逼本科教育转型,让"因材施教,提前半步走"的教改理念落实、落地。

二、具体建设目标和内容

结合北京"十三五"发展蓝图以及首都功能定位,为适应新时代学科建设要求,金融学院在 2017 年成立金融科技中心,2019 年底建成 130 平方米的金融科技实验室,内设 60 台高性能 GPU 人工智能服务器。目前,实验室全年可培训社会人员 300 人次。2016 年,实验室招收量化金融专硕,目前已有超过 80 名学生毕业,专硕示范效应明显,倒逼本科教育改革,本科学生金融科技素养显著提升,辐射效应明显。

金融科技实验室(见图1)以及量化金融人才培养体系的"四梁八柱"已逐步形成,为确保在"十四五"时期开花结果,大放异彩,需教改项目支持,巩固来之不易的发展势头和先发优势。项目建设目标和内容将紧紧围绕夯实"四梁八柱"的内涵和外延展开。

图 1　金融科技实验室实景图

(一)厚积薄发不断夯实"八柱"质量

基于过去几年积累总结,量化专硕团队老师从抓专业、抓课程、抓教材入手,目前已有八门量化专硕核心课程日趋成熟,分别是计算金融、金融随机分析、金融时间序列、机器学习与量化投资、金融编程:基于 Python/C++、量化股票统计套利与高频算法交易、固定收益分析与量化策略、金融衍生品量化策略,构成了金融科技实验室的"八柱"。目前已出版《基本无害的量化金融学》《Python金融数据》教材两部,推出《Python 金融编程》线上课程一门。我们拟在"十四五"时期进一步推进课程和教材建设,使得每门核心课程皆有教材,皆有线上课程。详见图2。

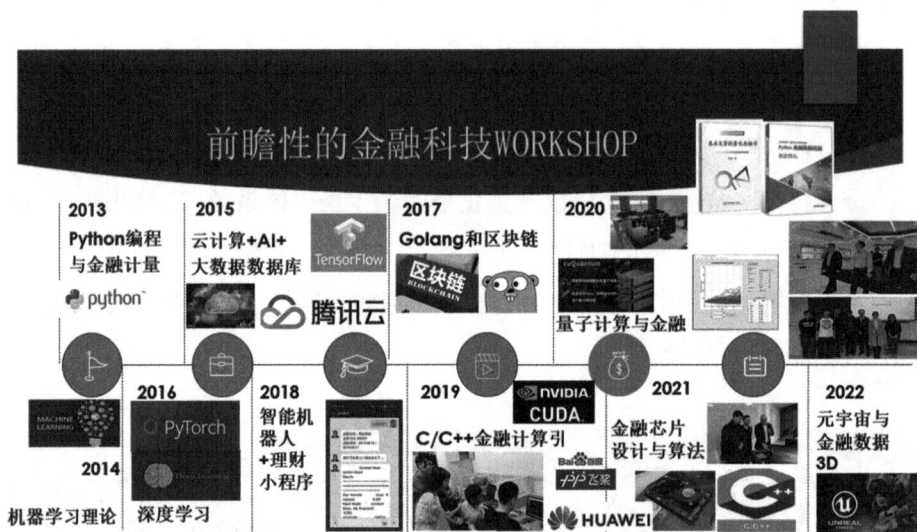

图2 金融学院金融科技团队 2013—2020 年相关教学成果展示

(二)开拓创新勇挑数字经济时代"大梁"

经过前期严密论证,在"十四五"开局之年,精选"四梁"打造顺应数字经济时代发展、符合北京"十四五"时期"全球数字经济标杆城市"建设要求的、融合党建思政内容的创新型经济与金融课程。"四梁"包括四大领域:量子计算、区块链、国产芯片(基于人工智能技术)、数字孪生(数字内容、虚拟现实)。

由笔者带队,利用实验室资源,重点打造四门前沿课程:"量子计算在金融中的应用""金融智能芯片与算法设计""区块链与智能合约开发:基于 Go 语言""元宇宙与人工智能:基于虚幻引擎 C++系统",目前已完成课程设计、教学大纲以及人员配置,教材编写工作正有条不紊地展开。"元宇宙与人工智能:基于虚幻引擎 C++系统""量子计算在金融中的应用"两门课程的打造,对标斯坦福大学最新前沿课程,目前具有国际一流水平。"四梁"课程是科技金融之骨,是时代发展所需,也是首都打造全球数字经济标杆城市发展目标所需。夯实"四梁"课程建设十分必要,既弥补前沿数字经济技术课程缺失,又匹配时代发展,因此,夯实"四梁"课程建设是教改项目的重要建设内容之一。图 3 是虚拟教研空间。

图3　金融科技实验室利用虚幻引擎技术制作的虚拟教研空间

三、解决的主要问题

(一)善用"大思政课"培根铸魂,避免专业建设与课程思政建设脱节

传统专业建设缺少"党建引领,思政挂帅",学生不知道"为了谁学",学生不了解金融与科技之间的辩证关系,以及科技对金融产业影响的深远性,不了解金融科技的重要性,无法参悟金融科技与维护一国金融安全稳定之间存在的辩证关系。因此,本文将结合爱国主义教育介绍"如何学",如何让年轻人融入国家金融安全建设与发展的洪流中,如何与新时代实现"同频共振"。

(二)解决时代痛点,教学与研究再融合、再深化

根据"交叉学科建设"要求,结合金融学院前期技术积累,"十四五"时期,金融科技团队利用已有技术能力助力国产 AI 芯片起步,重点聚焦智能金融系统与算法研究,包括华为、百度等国产 AI 芯片,结合国产开源人工智能算法平

台(如百度、华为),立足金融产业"新场景",关注算力与算法对金融产业的影响。从算力的角度,致力于芯片国产化,重点立足于云计算、智算服务器与数据中心、智能金融芯片设计(包括 FPGA、GPU 开发)等领域;从算法的角度,重点立足于量子金融算法(包括量子计算在金融中的应用)、金融数学算法(即计算金融,包括高频交易算法设计)、金融大数据算法与云计算、智能合约编程、金融数据隐私计算、开源人工智能开发框架研究等领域。

(三)以金融科技实验室为基点,避免教学与产业发展"两张皮"

利用金融科技实验室已有的智算资源(Nvidia GPU 人工智能服务器),立足金融产业,深挖金融产业发展需求,解决金融产业发展"痛点",利用好机器学习理论、深度学习理论、强化学习理论等新一代人工智能技术开展创新研究,为前沿技术提供金融应用"新场景"。进一步扩大金融科技实验室社会服务规模,利用毗邻北京丰台利泽金融商务圈的区位优势,借力北京自贸区,已初步形成高校、企业、市级群团与属地政府结对协作服务机制,通过不定期开展对接会、前沿技术分享会等多元合作形式,不断促进人才、科技产业与金融深度融合。基于金融产业发展场景,围绕"后摩尔时代"下的密码学与前沿加密数学、隐私计算、智能合约开发、数字货币、区块链经济学、分布式金融网络信息与安全等领域展开研究。

(四)讲好中国故事,答好"百年未有之大变局"时代命题

过去曾过分强调西方情形,未能将内容充分拟合中国现实。国外金融科技专业过度强调金融衍生品定价,但是由于我国的特殊国情,国内金融衍生品市场的种类并不丰富,因此完全照搬西方人才培养模式将导致学生"空有屠龙之术"而"无龙可屠"的尴尬局面,导致学生学习该课程兴趣不大,积极性不高,"理论和现实两张皮"现象十分严重。国内的教材、课程设计、课程之间的衔接上也有类似问题,往往没有明确的主线,仅是国外相关教材结论的简单罗列,往往让学生"知其然而不知其所以然"。国内金融科技专业建设起步较晚,存在高校专业和课程设置滞后于产业发展的问题,并且未充分反映中国金融科技产业优势。目前,我校金融学院师资和办学理念暂处国内前列,需借力教改项目巩固发展优势。

四、"十四五"时期学科建设的发展亮点

（一）以"党建引领，思政挂帅"为教改提供新理念

刘增辉（2021）、韩宪洲（2021d，e）都强调爱国主义教育、思政在学科建设中的重要性，因此要将爱国主义教育融入课程建设，解决学生学习动力缺乏的问题。

（二）以推动学科专业改革为代表的新教改

新一代信息技术的迅猛发展，使得传统金融人才培养模式跟不上时代发展，亟待系统性地建立配套课程，比如：人工智能范畴下的机器学习理论、虚拟现实技术以及大数据安全等课程；区块链技术范畴下的网络课程、智能合约课程。此外，这些课程还需要切实做到"金融为骨，科技为翼"，不能脱离金融原理而过度强调科技要素。因此，本教改项目全面推动金融学院原创教学理念"四梁八柱"课题体系建设，始终围绕"抓专业、抓课程、抓教材"，利用专业课程和教材全面辐射人才培养体系，同时辅以创新学习技术方法和教师团队建设。

（三）以发展虚拟现实教学为代表的新形态

"打造数字经济标杆城市"是北京"十四五"规划发展基本定位，金融学院狠抓创新学习技术方法，拟在虚拟现实教学方面取得突破。得益于"因材施教，提前半步走"的教学理念，金融学院勇于探索虚拟现实技术的金融学科教学应用，目前正在利用"元宇宙与人工智能：基于虚幻引擎 C++系统"课程打造虚拟现实教室。

（四）以培养创新复合能力为代表的新质量

我们的目标是使学生充分了解新一代信息技术驱动下的金融投资理论与实务，并系统掌握量化投资、人工智能、大数据等前沿科技技能，同时在交易技术与操作、金融产品设计与定价、财务分析、资产与风险管理等方面，使学生具备熟练运用大数据、人工智能、数理金融、智能合约开发（区块链）等科技手段解决实际金融问题的综合能力。

（五）以建立高标准国际规则为代表的新保障

按照北京"十四五规划"发展要求、"两区建设"要求，金融科技学科建设应

以高标准、高规格国际经贸规则作为自身学科建设的标杆,时刻"对标对表"。以数字经济为代表的"新经贸"规则正在全球形成,我国有实力也有智慧参与全球最高经贸规则制定,"金融科技"本身就是全球最高经贸规则议题中不可或缺的组成部分。"十四五"时期,前沿学科建设的国际竞争焦点是如何抢占"规则制定"的制高点。金融学院"四梁八柱"体系建设具有国际视野和学科前沿性;"十四五"时期将持续推动国际化办学,积极准备加入国际量化金融协会,目前已是 CFA、FRM 的国际高标准金融行业考试认证会员。

五、预期效果和具体成果

(一)抓思政教育

韩宪洲(2021a, b, c)指出课程思政在教改中的重要作用,因此需将思政教育融入整个教学改革生命周期中,每课必有爱国主义教育环节,每课必有思政环节,为"大思政"教育理念贡献更为生动的教学案例,结合国内国外时局,辅以生动(包含 3D 虚拟现实)翔实的案例,开阔学生视野与格局,让他们能够在学习中体会到个体的发展与时代发展、与中华民族伟大复兴息息相关。以思政教育为学生培根铸魂,以思政教育帮助学生克服在学习前沿科学技术和专业金融时的畏难情绪和惰性。

(二)抓专业建设

以"金融为骨,科技为翼"为教改理念,以"四梁八柱"为专业建设具体抓手,在"十四五"末期,完成八门核心专业课程和四门创新课程建设,编撰完成相关专业教材,制订好数字媒体课程建设计划,强化与业界的互动和合作。

(三)抓教材建设

目前已有两本原创教材面世,拟打造《金融随机过程导论》《量化金融学导论》《量子计算在金融中的应用》教材,持续完善"四梁八柱"课程建设。紧抓虚拟数字融合,购置 VR 眼镜,利用金融科技实验室前沿仪器设备,根据"四梁八柱"专业建设安排,重点完善"元宇宙与人工智能:基于虚幻引擎 C++系统"课程,对标斯坦福大学课程建设内容,打造"紧跟国际一流,国内第一"的虚拟现实教学体验。

（四）抓产业融合

利用项目负责人之前在北京市门头沟挂职期间积累的与百度、华为等企业的良好合作关系，持续推动"产学研"合作，拟与国内人工智能头部科技企业建立战略联盟。利用现有的与同花顺签订的"教育部产学研合作项目"金融科技人才培养基地成果，持续推动虚拟现实 3D 金融数据建模、金融风险、量化金融、人工智能等领域研究。拟与中国人民银行等国家机构下属研究院达成战略合作，拟加入北京金融科技联盟、中关村科技联盟，加强与国际一流机构合作，建立实习基地。同时，加强属地联系，持续开展与北京市金融局、丰台区金融办等机构的互动和合作。

（五）抓教改成果

围绕"四梁八柱"（八门核心专业课程和四门创新课程），目前团队教师数量达 15 人，已积累大量教改经验，拟每人完成 5 000 字教改论文创作，结集成册出版。课题结束时，将发表一篇 10 000 字论文。

参考文献：

[1]韩宪洲. 全面推进课程思政建设的逻辑进路探析[J]. 中国高等教育，2021(6)：3.

[2]韩宪洲. 课程思政的发展历程，基本现状与实践反思[J]. 中国高等教育，2021(23)：3.

[3]刘增辉. 首都经济贸易大学党委书记韩宪洲：以课程思政建设构建"三全"育人大格局[J]. 在线学习，2021(7)：4.

[4]韩宪洲，宋志强. 习近平关于新时代教书育人论述探析[J]. 思想教育研究，2021(11)：5.

[5]韩宪洲. 以课程思政推进师德师风建设的内在逻辑与现实路径[J]. 思想理论教育导刊，2021(7)：5.

[6]韩宪洲. 胸怀"国之大者"，书写立德树人的首经贸答卷[J]. 北京教育：德育，2021(7)：2.

应用区块链技术推动我国高等金融类
专业教育教学改革的思考①

张　萍　王一茹

摘　要: 在教育信息化时代,区块链技术的版权安全化、合约智能化和信息互通性为推动金融类教育改革提供了可行的技术方案。本文基于区块链的特点和我国高等教育大众化的现状,从区块链与数字资产交易角度剖析区块链技术的特点和优势;从存在的风险及监管角度提供区块链技术安全性、权威性的改进方法;从与金融教学融合角度阐述优化我国高等教育金融类专业教育改革的路径。本文还探索性地提出"学习账本"和"去中心化"的评价体系概念,并对教学、评价和创新方面提出建议。

关键词: 区块链技术,高等教育改革,数字资产交易,区块链金融

一、引言

区块链是连接传统世界和数字世界的桥梁,同时被视为"互联网以来最重要的发明"和十大战略技术趋势之一。IBM 和 Intel 等几十家国际科技巨头参与核心为区块链技术的超级账本项目,万达集团是第一个加入该项目的中国董事会核心成员。此外,国内大型网络公司(百度投资的 Circle 公司、阿里巴巴的支付宝爱心捐赠平台、腾讯的微众银行等)均对区块链技术进行了研究应用。据 IDC 数据显示,2020 年全球区块链应用支出规模达 43.1 亿美元,2023 年将达 145.33 亿美元,年复合增长率达 57%。

---

①　基金项目:首都经济贸易大学校级教改课题——聚焦区块链技术推动金融工程教学改革(重塑"一体三环",提高"学习收益")。

作者简介:张萍,经济学博士,首都经济贸易大学金融学院副教授;王一茹,首都经济贸易大学金融学院金融学硕士。

广义上讲,区块链是利用块链式数据结构来验证与存储数据,利用分布式节点共识算法来生成和更新数据,利用密码学的方式保证数据传输和访问的安全,利用由自动化脚本代码组成的智能合约来编程和操作数据的一种全新的分布式基础架构与计算范式。2008年,中本聪首次论述比特币的定义和原理,区块链技术由此起源。为了提升区块链技术与实体产业融合的能力,中国政府对区块链的倡导和支持力度逐渐加强。2019年10月,习近平总书记在主持中共中央政治局第十八次集体学习时指出,区块链技术应用已延伸到数字金融、物联网、智能制造、供应链管理、数字资产交易等多个领域。2020年4月,国家发改委进一步明确将区块链纳入"新基建"的范畴,这是对冲经济下行、重塑经济增长的重要战略。2020年12月,新冠肺炎疫情暴发,全国人民同舟共济、风雨相依、凝聚共识、增加信任。这种信任精神与区块链最重要的作用——降低信任成本相呼应,在思想上启发了区块链建设。2020年底召开的第三届世界区块链大会上,中国银行原行长李礼辉指出,新冠肺炎疫情流行之际,全社会生活模式和商业模式的变动证明了数字化变革的大趋势。而区块链具备共享账本、多方维护、智能合约和难以篡改的独特技术优势,将形成"可信任、可交互、可加密、可共享"的价值链。2021年,区块链被列为"十四五"七大数字经济重点产业之一。

在全球互联网、5G、大数据等数字化变革的背景下,区块链技术与金融市场结合的必要性主要体现在重塑信用机制、降低交易成本和防范道德风险三个方面。区块链和金融领域的有机结合能够促使区块链金融产业蓬勃发展,为金融业带来颠覆式革命,在金融专业教学中同样如此。自1999年大规模扩招以来,我国高等教育实现了从精英教育到大众教育的转型,然而大众教育也带来了深刻的后续影响,例如当前大学课堂缺课率高、低头族多,部分课程学生学习积极性不高,课堂教学质量堪忧。图1是区块链技术与传统金融的有效结合。

探究其原因:一方面是教学手段较为单一;另一方面是教师教学内容并未及时跟进专业学生需求。因此,教学内容方面应该针对学生设计"学习收益"账本,将他们的自主学习能力导入知识深度挖掘、形象化资源涉猎,对薄弱而重要的知识提高"学习收益"。互联网技术、大数据分析等计算机技术,尤其是区块链技术,将为大学金融课堂教学提供更多的优化场景,为社会输出高质量的

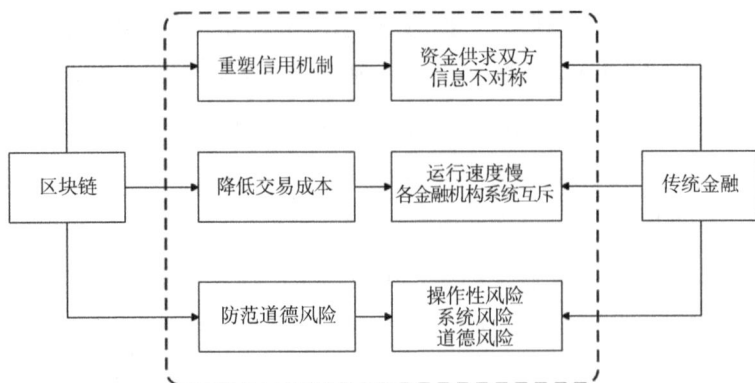

图 1　区块链技术与传统金融的有效结合

"金融+科技+创新"型人才,形成金融专业教育的新生态。

二、文献综述与研究现状

(一)区块链技术与金融

目前区块链产业处于发展变革的关键时期,从技术成熟度曲线上看,这一技术经历了 2017 年的膨胀期,2018 年和 2019 年的泡沫低谷期,即将进入稳步爬升的光明期。其在金融业、商业、能源和医疗等领域均得到了较为广泛的研究与应用(见表1)。

表 1　区块链金融文献综述

研究视角		主要观点	代表性文献
对金融体系的影响	积极影响	促进企业间信息共通；交易流程更透明；克服资本市场中的低效率和摩擦	Shahab & Allam, 2020；Zhang et al. , 2019；Sheel & Nath, 2019；Lamarque, 2016；Kshetri, 2017；李任斯、万滢霖, 2020；狄刚, 2021
	消极影响	破坏金融市场基础设施的稳定性；验证成本大；存在法律安全问题	Price, 2016；Walch, 2015；Zamfir, 2015；Ammous, 2016

续表

研究视角		主要观点	代表性文献
应用场景	支付结算方式	降低交易成本； 改进传统支付结算模式； 提高经营效率	Di Gregorio, 2017； Guo & Liang, 2016； Fico, 2016； De Meijer, 2015； 李爱君, 2019； 马理等, 2018
	数字经济	避免通货膨胀； 简化交易流程	滕飞、马晓敏, 2021； 曹辉、燕欣, 2021； 袁子涵, 2019
	中小企业融资	缓解融资约束； 促进金融普惠	Larios-Hernández, 2017
	供应链金融	供应链金融提供信息安全； 阻止信息盗窃犯罪	Rashideh, 2020； O'Leary, 2017； 孙凤毛, 2020； 周立群、李智华, 2018

1. 区块链金融对整个金融系统的影响

(1)积极影响。区块链能够促进企业间信息共通(Shahab & Allam, 2020)；增强企业间协同作用(Zhang et al., 2019)，是实体经济高质量发展的助推器(Sheel & Nath, 2019；李任斯、万滢霖, 2020)。从理论上讲，一方面，区块链技术的去中心化特征能够实现全世界监控交易，保证数据的真实性；另一方面，保密性和大数据特征一定程度上减少了信息不对称风险，交易流程更加透明，克服了资本市场中的低效率和摩擦，提升了金融交易效率(Lamarque, 2016；Kshetri, 2017；狄刚, 2021)。由此可见，区块链技术的发展是实现金融市场核心技术创新的重要突破口。以美国为首的发达国家是区块链技术的引领者和主要输出者，其相继出台了各种政策，明确了区块链的战略定位，探索合适的监管方式和体系，抢占区块链发展的战略制高点。从国内市场反映看，资本市场对区块链技术企业表现出浓厚的兴趣:区块链创业公司矩阵金融获得 1.5 亿元人民币 A 轮融资,众享比特获得 5 000 万元人民币融资,布比区块链获得 3 000 万元人民币融资等。

(2)消极影响。虽然区块链技术能够改变现有的金融基础设施,降低金融风险和提高支付网络的安全性,但监管差异可能妨碍区块链技术的进展(Price, 2016)。由于区块链的分散性和开源性,出现了区块分岔以及网络黑客攻击等风险问题,严重破坏了金融市场基础设施的稳定性(Walch, 2015)。Zamfir (2015)进一步指出,区块链技术验证成本很大,加密账本的副本储存在每一个网络节点中,新的支付交易在永久保存之前必须集中在验证的区块中,整个过程复杂且消耗成本高,因此目前还不适合交易规模较大的金融体系。同时,Ammous (2016)认为,区块链技术实施成本高,数据的重复备份造成极大的浪费,并且还可能存在法律安全问题,尽管区块链技术具有去中心化等优势,但它所带来的经济利益并不能超过现有系统中的中心机构。

2. 区块链金融的应用:支付结算模式、数字经济、中小企业融资、供应链金融等方面

(1)区块链技术可以有效降低交易成本(Di Gregorio, 2017),改进传统支付结算模式,提高经营效率(De Meijer, 2015;Guo & Liang, 2016;马理等, 2018);有效防控票据风险,提供更好的审计功能,创造"数字票据",支持金融创新(Fico, 2016;李爱君, 2019);有效提升信息透明度(Kshetri, 2017),在票据支付、反洗钱等金融业务中存在巨大的潜力(Mainelli & Smith, 2015;廖理, 2016)。2015 年,西班牙国际银行有限公司的一份调查研究表明,区块链技术每年预期为商业银行减少的成本在 160 亿美元到 200 亿美元之间,以往这些成本都被花费在了支付结算、信贷、外汇买卖、监管内控等业务操作及中间环节上。

(2)数字货币是区块链技术的最早应用,比特币的出现很好地证明了这一点。随后,门罗币、零币、以太币和莱特币等数字货币逐渐兴起。相对于传统货币,数字货币成本低、安全性高。因此,数字货币取代现有纸币、硬币等信用货币是历史的必然选择(滕飞、马晓敏, 2021)。此外,由于数字货币没有发行主体和发行数量人为操控,一定程度上可避免通货膨胀(曹辉、燕欣, 2021)。数

字货币的交易流程极为简单,减少了各类中介机构的参与,提高了数字货币的流动性(袁子涵,2019)。

(3)Larios-Hernández(2017)倡导运用基于区块链的 P2P 贷款进行金融普惠。区块链技术凭借其"信息可追溯"和"不可篡改"的属性,将中小企业真实的经营情况和信用记录等信息传递给银行,降低信息成本,缓解企业融资难的困境。

(4)Francisco(2017)明确指出,区块链技术集成供应链金融业务是必然趋势。区块链技术为供应链金融提供信息安全,阻止信息盗窃犯罪(Rashideh,2020),使得数据共享更便利,产品交易和流通过程更加透明、可追溯(O'Leary,2017;孙凤毛,2020)。周立群、李智华(2018)论证了区块链技术能够改善供应链金融领域的财务状况。综合看来,当前区块链技术已经在金融领域不断落地开花,然而,由于区块链技术的安全风险和实施成本等问题,各国政府应当构建适度宽松、区别对待的监管体系,确保收益和风险的平衡,实现区块链技术在金融场景中应用的最大效益。

(二)区块链技术与教学领域

2021 年 6 月 8 日,OECD 发布的《数字教育展望 2021:用人工智能、区块链和机器人应用前沿》报告提出一个关键问题:智能技术如何改变教育?基于此,区块链技术与教学领域的融合取得了一定实践性进展,比如:①区块链证书认证。美国麻省理工学院数字媒体实验室已经全面通过以比特币为基础的底层区块链技术授予学位证书,并可查看、打印相关的学位信息;美国霍博顿软件工程学院在 2017 年通过区块链技术授予以课程为导向的认证数据,并且开始在公有链上分享学历相关信息;塞普斯尼科依亚学院建立了基于多链技术开发并应用的硕士学位项目,可以通过链式结构追溯学生学习情况;区块链技术大学、赫波顿软件工程学院等大学甚至将区块链作为标志性应用。2016 年,我国将区块链技术引入教育领域,北京航空航天大学数字社会与区块链实验室的蔡维德主持开发了针对版权的区块链信息记录系统——北航链。②区块链教学管理。2020 年,"区块链工程"正式作为本科开设的课程进入国内大学课堂。鉴于此,区块链技术创造的新学习模式,将引发新的学习变革(John Domingue et al,

2016),基于区块链的这场教育变革,将以信息化为核心驱动力,推动教育体系、模式、平台等的创新,反过来,传统教育模式也正需要一种技术机制来促进其流程再造与结构重塑,因此两者之间势必存在耦合性。

本文总结现有研究发现,区块链教育改革文献主要涵盖教育信任体系建设、教育应用模式创新和教育在线平台优化研究三个方面。表 2 为区块链技术与教育融合文献综述。

表 2　区块链技术与教育融合文献综述

研究视角	运用区块链的技术	代表性文献
教育信任体系建设	去中心化、分布式存储	李青、张鑫,2017;高飞,2020
教育应用模式创新	对等传输、链式结构	姬晓灿等,2020;彭红光、林君芬,2011
教育在线平台优化	分布式记账、去中心化、可编程性	何文涛,2019;孙青等,2014

1. 教育信任体系建设:去中心化是区块链技术的最核心特征

每位学习者作为独立的用户节点依赖共识机制即可信任系统本身。这一过程可应用于知识产权保护建设,知识产权交易可作为区块中的数据主体。知识产权所得依赖受信任体系中所存储的区块链,交易中的资金和产权实现绑定,产权转移的同时也实现资金转移,这种应用模式可防止交易双方的失信行为。同时,分布式存储能够避免产权所有人的正当理由受到侵害。在产权交易中资金流向不可抵赖且信息透明,使得无法利用系统施行侵吞教育资产、利用产权资金洗钱等行为(李青、张鑫,2017)。另一方面,去中心化可以实现现代高校教育各个学科间相互融合,教育教学资源相互借鉴使用,提升培养多学科交叉型人才的能力,最终使学校可以培养出一批一专多能型且适应网络时代需要的全方位人才(高飞,2020)。其中包括:依托网络和区块链认证技术建立起来的网络教学平台,依托区块链和分布式存储技术建立起来的高校教学资源库,依托区块链和网页互动技术建立起来的教学软件和信息化教学方案,以及依托区块链技术建立起的大学教育人才培养档案库和教授专家资源库等。

2. 教育应用模式创新

区块链颠覆着传统的知识传播手段,为教学方式及教学策略的改进提供了支撑(姬晓灿等,2020)。一方面,区块链的对等传输特点有利于促进个性化教学内容,突破传统教学模式的学习壁垒。首先,对等传输机制可自动化、全历史记录每位学习者的学习经历、学习内容、学习成效等,从而生成个性化数据。同时,借助大数据、人工智能技术对这些个性化数据进行智能分析,建立学习者"用户画像",使学习需求与服务供给精准匹配。其次,对等传输机制能够为教与学提供可跨越情境创设的沟通平台,便于在对话中提供"以学生为中心"的动态化、个性化学习服务。另一方面,区块链链式结构推进无边界教育深化发展。在全球化和信息化的背景下,教学的边界正在被打破,无边界教育成为新趋势(彭红光、林君芬,2011)。无边界教育是一种跨越时空边界的教育形态,有助于教育资源的共享与优化配置。然而,无边界教育存在碎片化、随机性、无序性等问题,区块链的开源性天然是无边界教学的技术基础;链式结构使得所有数据都会被全网存储和溯源,监督无边界教育的可持续发展;块链式存储可形成完整的学习记录,便于及时调整学习内容以克服碎片化,优化学习流程和效率。

3. 教育在线平台优化

学习环境是教育体系建设的基石。何文涛(2019)提出区块链能够促进智慧学习环境的生成。在 20 世纪 50 年代,人类社会经历了政府职能和权力的极度扩张,同时在教育领域表现为学校和政府垄断的科层制教育体制,有失教育的公平性(焦志勇,2014)。区块链的分布式记账特性,可建设去中心化的学习环境,破除教育权力被政府和学校垄断的弊端,推动"管办评"的有效分离,从而打造全民参与、协同共建的一体化教育系统,促使教育走向全面开放。因此,教育环境更趋向于多元化,大学生 MOOC 平台就是一个很好的例子。有研究者形容慕课进入高等教育主流是从"……破坏性创新向持续性创新"转变的过程。孙青等(2014)围绕 MOOC 环境下实验教学如何扩大开放共享提出以云计算为支撑进行开放式实验教学平台建设思路 (彭刚等, 2015;张昱龙等, 2016)。此外,区块链技术和 MOOC 结合为透明化的学分记录体系提供了合理解决方案,从而能够打通各个教育机构之间的壁垒,突破传统专业限制和学习时段限制(李青、张鑫,2017)。杨现民等(2017)借鉴金融领域区块链应用经验,提出教育领域区块链主要体现为六大应用模式。

此外,区块链技术的可编程性将推动数字教育资源智能化流通。数字教育资源是指经过数字化处理,可在信息化教学环境中运行的教育资源集合(全立新等,2018)。学习环境再造的核心便是数字教育资源流通。在"互联网技术""大数据教学融合"的教育转型时代,教学共享平台同样存在"重形式而轻实质"的情况。比如:质量良莠不齐、个性化较弱、自增长性不强、管理难度大、产权保护难及开放性较差等(姬晓灿等,2020)。区块链为数字教育资源共享提供了技术保障。首先,哈希算法可将任意大小的教育资源压缩成固定长度的字符串,使数字教育资源可在区块链系统中快捷、安全流通,从而丰富数字教育资源形式。其次,经过代码化编译的数字教育资源无法随意复制,只有拥有相应密钥或建立了智能合约的用户才能获取相关资源,这为知识产权保护构筑了一道防护墙。再次,智能合约与数字货币为知识付费提供了重要载体,数字教育资源生产者可在资源交易和验证中获得数字资产奖励,有利于提高数字教育资源的自增长性。最后,监管者借助智能合约自动审查功能可使非法或不良的数字教育资源难以遁形。

既有研究为本课题提供了较高的研究起点和丰富的实践总结,但仍存在一些不足之处:首先,目前关于区块链的理论文献一般由计算机专业或者软件专业的学者提供,主要涉及区块链的计算机原理、加密算法、共识算法等,缺乏经济学应用的理论分析;其次,展望区块链应用的美好蓝图的文献较多,研究区块链风险管理的文献相对较少。

本文在以往学者研究的基础上作出了改进,创新之处体现在:第一,从经济学角度,对区块链技术在金融领域的应用进行理论分析,探究区块链金融的作用机理,实现从计算机技术到经济学应用的过渡;第二,探析区块链金融应用中存在的风险,提出风险防范方案;第三,针对关于金融学教育实践环节融入区块链技术的研究甚少,本文将区块链技术和金融教学有机融合,分析区块链对当代高等教育体系中金融课堂教学的影响,探讨大学金融课堂面临的挑战,以期推动区块链技术在大学课堂的实践与应用。

(三)区块链技术发展现状

结合相关文献,对于国内区块链的发展现状,我们可以将区块链技术发展概括为三个阶段,这三个阶段并非依次实现,而是共同发展、相互促进的过程。

1. 区块链 1.0:可编程货币

区块链技术伴随比特币的产生而产生,其最初的应用范围完全聚集在数字货币上。比特币的出现第一次让区块链进入了大众视野,而后产生了莱特币、以太币、狗狗币等数字货币。区块链技术在创造信用货币价值、数字货币流通等领域发挥技术型作用。可编程货币的出现,使得价值在互联网中的直接流通成为可能。区块链构建了一种全新的、去中心化的数字支付系统,一个随时随地进行货币交易、毫无障碍的跨国支付以及低成本运营的去中心化体系。新兴数字货币的出现,强烈地冲击了传统金融体系。

2. 区块链 2.0:可编程金融

受到数字货币的影响,人们开始将区块链技术的应用范围扩展到其他金融领域。基于区块链技术可编程的特点,人们尝试将智能合约的理念引入区块链中,形成了可编程金融。区块链 2.0 即区块链合同在金融领域方面的应用,比如:股票、期权、债券等方面的清算等。有了合约系统的支撑,区块链的应用范围开始从单一的货币领域扩大到涉及合约功能的其他金融领域。区块链技术得以在包括股票、清算、私募股权等众多金融领域崭露头角。目前,许多金融机构都开始研究区块链技术,并尝试将其运用于现实,现有的传统金融体系正在被颠覆。

3. 区块链 3.0:可编程社会

区块链技术的进一步完善和发展,其去中心化和数据防伪功能应用到其他领域的优势也日益凸显。于是,在金融领域之外,区块链技术又陆续被应用到了公证、仲裁、审计、域名、物流、医疗、邮件、鉴证、投票等其他领域中,范围扩大到整个社会。在这一应用阶段,人们试图用区块链来颠覆互联网的最底层协议,并试图将区块链技术运用到物联网中,让整个社会进入智能互联网时代,形成一个可编程的社会。图 2 为区块链技术发展历程。

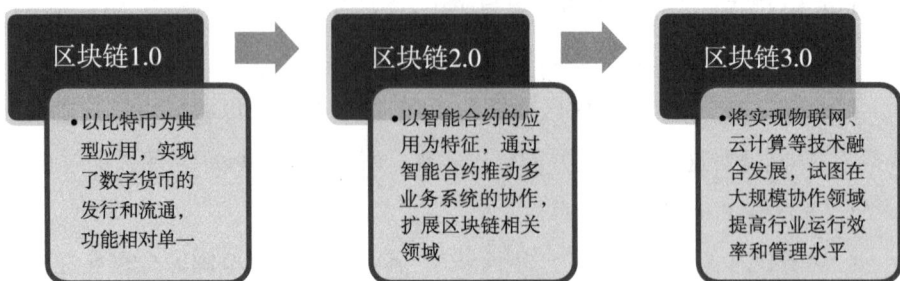

图 2　区块链技术发展历程

三、区块链金融的发展现状

(一)区块链技术正演进成熟

区块链技术作为一种技术集成创新,功能架构已趋于稳定,其数据库、P2P
网络、密码学算法等部分基础组件技术已较为成熟。此外,区块链技术的发展
态势向好,一方面表现为区块链的研发投入强度持续加大,中国信息通信研究
院研究数据显示,2019 年区块链投融资交易规模达 20.28 亿美元,美国、中国、
韩国、瑞士、加拿大是全球区块链投融资金额最高的 5 个国家。另一方面,区块
链技术应用的范围逐步趋于广泛。从物流、能源、农业、医疗、娱乐、零售到教育
等社会经济领域,都涌现出许多区块链技术应用探索项目。《区块链技术及其
在公共领域的应用》一文显示,仅就公共领域而言,截至 2018 年 3 月末,全球已
有 40 多个国家和地区开展相关研究探索和试点应用。同时,区块链技术的研
究进程也不断提速。据中国信息通信研究院统计,截至 2019 年 7 月,全球公开
区块链专利的申请数量达 1.8 万,全球区块链技术论文数量也快速增加。图 3
为全球各国区块链融资情况。

(二)金融领域探索日渐增加

金融服务产业是全球经济发展的动力,也是中心化程度最高的产业之一。
由于资本市场中存在摩擦,产生交易双方的信息不对称现象导致无法建立有效
的信用机制,从而降低了系统运转效率,增加了资金往来成本。区块链技术源

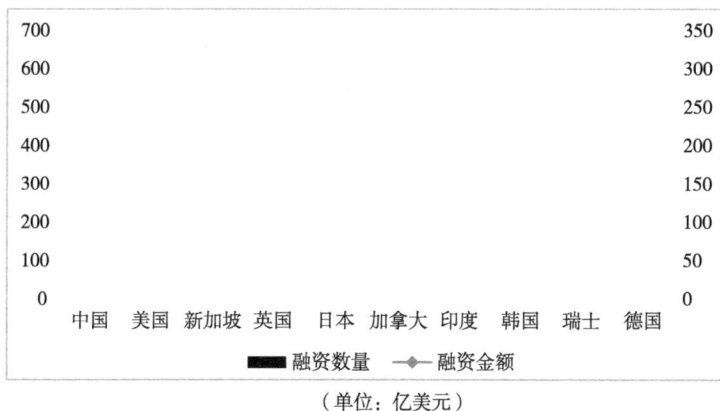

（单位：亿美元）

图 3　全球各国区块链融资情况（2019）

自于加密货币,凭借其开放式、扁平化、平等性的系统结构,加之操作简化、实时跟进、自动执行的特点,与金融行业具有天然的契合性,最早在金融领域发挥出优势作用。区块链技术在支付及清结算、贸易金融、证券交易等金融场景的应用日渐增多,部分应用项目已开始从概念验证迈向生产实践。具体实践方面,IBM、Ripple 推出基于区块链技术的跨境支付服务;美国存管信托和结算公司探索通过区块链解决方案改善回购市场清算流程;巴克莱银行、汇丰银行探索了区块链技术在信用证方面的应用;香港金管局、汇丰银行、中国银行、东亚银行、恒生银行和渣打银行及德勤联合建立了区块链贸易融资平台;IBM 与多国银行合作开发了区块链贸易融资平台 Batavia;美国纳斯达克交易所基于区块链的证券交易系统 Linq 已提供私募股权发行交易服务;澳大利亚证券交易所开发了基于区块链技术的登记结算系统;日本交易所集团正推进区块链技术在资本市场基础设施领域的概念验证测试;世界银行发行了创建、转让、管理等流程均基于区块链技术的债券 Bond-i,且已实现将其二级市场交易行为记录于区块链上;摩根大通推出名为 JPM Coin 的区块链支付结算工具,提供给白名单企业客户,用于财资管理、证券结算等;Facebook 发布了基于区块链的加密货币天秤币（Libra）的白皮书,称 Libra 的使命是建立一套简单的、无国界的货币以及为数十亿人服务的金融基础设施;富国银行宣布试点锚定美元的稳定币“富国银行数字现金”（Wells Fargo Digital Cash）。

区块链在我国金融领域应用已初具条件,部分概念验证应用已催生一定规模的商用产品,在供应链金融、贸易金融、保险科技、跨境支付、资产证券化等场景中已形成了一些落地案例。比如,中国人民银行数字货币研究所和深圳中心支行牵头发起、建设了基于区块链技术的贸易金融平台,截至 2019 年 8 月,已有近 30 家银行 500 余家网点业务上链运行,业务量超 500 亿元人民币,有效提高了贸易融资效率;国家外汇管理局应用区块链技术建设了跨境金融区块链服务平台,探索解决中小企业跨境贸易融资困难,截至 2019 年 10 月底,已累计完成应收账款融资6 370笔,放款金额超过 400 亿元,服务企业共计 1 262 家,其中中小企业占比约70%。此外,在新近的区块链产品中,最值得人们关注的是 DeFi 的应用,DeFi 可以实现点对点的金融交易,因此其交易成本就会大幅下降,而交易的效率则可以大幅提升。在中心化金融体系中,对交易者设置门槛的一个重要原因就是为了筛选出优质的交易者,从而规避可能的金融风险。相对于传统的中心化金融,DeFi的门槛也低很多。图 4 为区块链金融应用。图 5 为金融区块链应用落地情况。

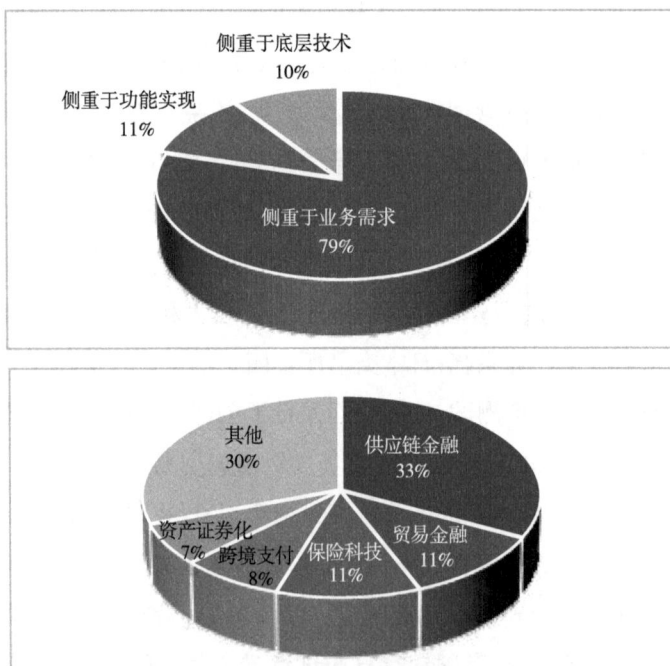

图 4　区块链金融应用

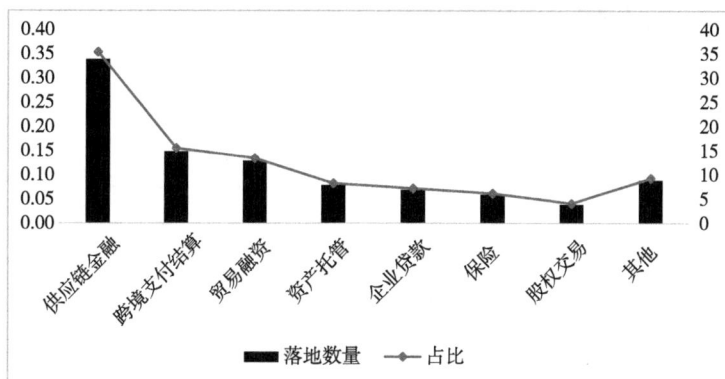

图5　金融区块链应用落地情况

目前,中国区块链在金融领域的应用探索呈现出底层技术研发力度有所加强且普遍关注信息安全和性能突破创新、应用探索较多且多数与业务需求结合紧密、参与主体多元且探索路径有所差异等特点。

四、区块链与数字资产交易

(一)相关研究

2015年2月,欧洲中央银行发布研究报告——《虚拟货币》,报告指出:"数字货币是价值以数据的形式进行表现,且这种货币不是通过政府发行的,当具备一定条件时可以用来替代货币。"数字资产是指在网络空间中由个人或企业等主体拥有或者控制的、以数字形式存在的、预期能带来经济利益的数字资源。初夏虎(2016)认为数字资产可交易的关键因素在于数字化。区块链技术实现了无须中心机构参与的、能够稳定运行的、可靠的去中心化系统,从数据的源头保障数据的公开化、保密性、可追溯性。因此,区块链对数字资产价值的提取是必然的,是数字化时代的战略选择(陈龙强,2016;林晓轩,2016)。另外,现有文献对数字货币产生了不同的观点,支持的一方认为,数字货币具有世界货币的特征,预示着货币制度的未来(曾繁荣,2016);反对的一方认为,数字交易技术无法克服自身缺陷,一切繁荣皆是泡沫,终将破灭(韩裕光等,2016)。图6为数字资产的特征。

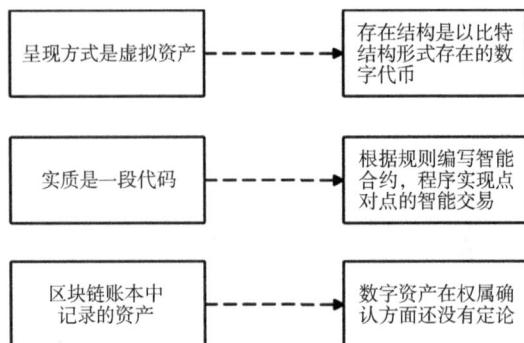

图 6　数字资产的特征

(二)区块链赋能数字资产发展

1. 区块链催生多种加密数字货币

比特币是首个基于区块链技术成功运行的数字货币,其市值已达到了上千亿美元,但在九年多的运行过程中,其在交易速度、交易确认时间、能源消耗、应用可扩展性和存储安全等方面的不完善之处逐渐显现。随后,以太坊、稳定币等都对比特币进行了一定程度的改进和演化,推动了数字货币在使用便捷性、应用的多样性和数字货币的安全存储性等方面的进一步发展。

2. 区块链有助于数字资产确权

数字资产确权是资产流通交易、实现市场化配置的基础。明确产权、保护产权是数字资产参与流通环节并获得收入的前提,形成清晰界定所有、使用、收益、处置等不同权利的机制,才能充分释放数字资产价值,实现数字资产的安全交易。区块链的逻辑能够为数字资产权属确定形成支撑。利用区块链的数字签名、共识机制、智能合约等技术可以对数据进行确权,能够将数据要素的所有者、生产者和使用者都作为重要的节点加入区块链网络中,实现数据的授权访问和使用,建立安全可信的身份体系和责任划分体系,根据不同的身份赋予相应的访问权限,并对数字资产的传输、使用、交易与收益进行全周期的记录与溯源管理,为数字资产的流通提供坚实的技术基础。

3. 区块链有助于提高数字票据的真实性和可信度

区块链能重塑票据价值传递模式,提升运作效率。采用区块链的分布式结构,使多方节点间建立全新的连续"背书"机制,真实反映票据权利的转移过程,提高了票据市场的运作效率。此外,区块链能够降低监管成本。在区块链中,数据一旦经过多方共识达成使其上链后,区块链中的全节点都共同维护同一个账本,所有节点都可作为备份节点,使得单点违规操作无法进行。更重要的是,区块链能确保数字票据真实有效,赋能数字票据信任属性,以达到信任传递。区块链利用多方共识机制实现了数字票据经过多方交叉验证后才能生成上链,加密机制的引入实现了对节点的身份验证问题,数字签名、加密机制等多种加密算法实现了区块链中数据真实有效、企业不被篡改,实现了多方信任传递。

4. 区块链有助于保障数字资产流通安全

区块链通过加密算法可以将多源异构的数据进行上链存储,能够打破数据孤岛,使链上的数据可以自由交易,从而保障数字资产存储安全和用户隐私数据。区块链的数字签名和非对称加密等加密算法会对数据进行加密处理,保障数字资产交易安全。区块链以链式结构对数据进行存储,并对数据添加时间戳,这种顺序排列的数据结构使得数据操作和活动可保证数据的可追溯性,为数据全生命周期审计、溯源提供了有效手段;智能合约的引入能够在不需要第三方的情况下自动执行合约条款,有助于多方参与者根据事先约定规则处理交易、结算事务,从而完成数据资产的安全流转。

(三)区块链技术数字资产交易现状

1. 加密数字货币交易现状

自 2008 年以比特币为代表的数字货币面世以来,各类数字货币层出不穷。截至 2020 年 8 月,在市面上发行的虚拟货币共有 2 400 多类,其中价值排名前四位的虚拟货币的流通市值达到 70 790.84 亿元。表 3 为数字资产的现状。

表 3　数字资产的现状

类型	市场售价	全球指数	流通数量	24H 成交额	24H 换手率
比特币	4.30 万亿	22.87 万	1 872.61 万	1 142.63 亿	2.66%
以太坊	2 万亿	17 108.06	1.16 亿	1 011.22 亿	5.04%
泰达币	3 975.55 亿	6.399 7	621.20 亿	4 171.95 亿	105%
币安币	3 815.29 亿	2 480.09	1.53 亿	322.15 亿	8.45%

2016 年后,以比特币为首的各类数字货币如雨后春笋般不断发展壮大,卷起全民炒币的浪潮。比特币的价格更是从 2017 年初的 1 000 美元一路攀升到 2021 年 6 月份的 35 621.46 美元。截至 2021 年 4 月,全球加密货币总市值约 2.06 万亿美元,比特币市值收窄至 1.008 万亿美元,占比从 2016 年 3 月的 79.8% 下降为 48.8%。分析其中原因,一方面是由于 2017 年 9 月中国人民银行严厉叫停 ICO 融资,并全面关停国内所有比特币交易所;另一方面是以太坊为代表的各类 ICO 数字货币崛起,分蚀市场。图 7 为近年来比特币的走势。

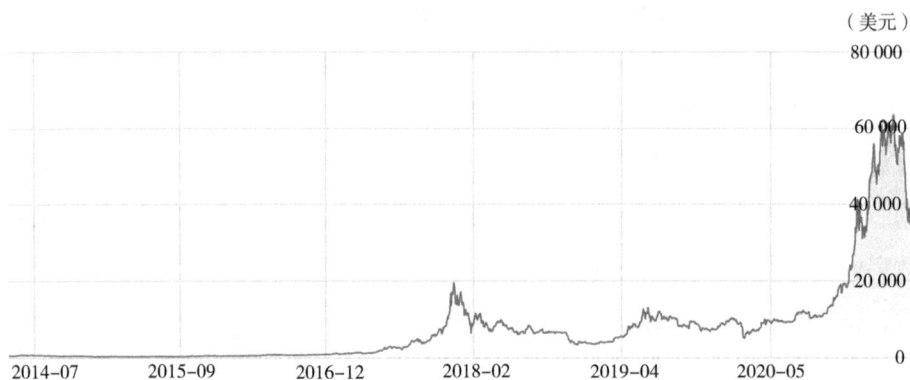

图 7　近年来比特币走势

2. 数字资产交易平台现状

2016 年开始,基于区块链技术,市场上开发出各种各样的数字货币。为了防范风险,我国在 2017 年 9 月开始对各类数字交易平台进行清理整顿,数字货币交易一度低迷,为了继续开展交易业务,各平台采用出海、开展场外交易等方式,这极大加快了数字资产交易平台的发展。表 4 为主要数字资产平台。

表 4　主要数字资产平台

平台名称	交易模式	优点	缺点
Binance	币币交易,交易手续费 0.1%;若持有 BNB,交易费用 0.05%	安全性高,采用多层、多集群的系统架构,高达 140 万单/秒的高性能撮合引擎技术;币种较多,手续费低,充值提币速度快	不支持法币交易,由于用户量的猛增,服务器无法承载,稳定性受到一定影响,已停止中国 IP 用户访问

续表

平台名称	交易模式	优点	缺点
OKEX	法币交易、币币交易、合约交易;会员等级不同,交易费率不尽相同	币种多、成交量大、安全性高,支持电脑端和 App;支持人民币 OTCC 法币交易;合约交易占比平台成交额大	用户体验感差;已停止中国 IP 用户访问
火币网	法币交易、币币交易、杠杆交易;所有交易手续费为 0.2%	支持 OTC 法币交易;注册流程简单;支持电脑端和 App;币种多;成交量大;安全性高	支持杠杆交易;风险性高

3. 区块链数字资产交易存在的问题

(1)区块体积日益庞大。区块链技术在不断发展壮大的过程中,其网络节点中储存数据的区块体积也变得日益庞大,对计算机的运算能力与储存需求也日益提高。以比特币为例,其数据规模在 2016 年 1 月是 63.61GB,而到 2020 年 9 月已超过 300GB。且随着时间的推移,区块的数据量还在不断增加,给比特币核心客户端的运行带来困难。

(2)区块链数据确认时间较长。区块链执行的问题在于速度,它需要大约 10 分钟或更长的时间去最终批准一笔交易,目前的区块链交易系统,特别是金融交易系统中存在数据确认时间较长的问题。以比特币区块为例,当前每笔比特币交易时间大约需要 10 分钟,而现有金融业务、各类数字资产交易业务,尤其是整个银行业要在全球范围内完成两个节点间的数字资产交换,而此时在若干节点的数据库里完成这个数据的拷贝要消耗与等待的时间特别长。对于当前各类交易或清结算业务场景中,要求每秒完成成千上万笔交易的高频交易来说,区块链目前无法满足高频交易的要求。

(3)区块交易频率过低。区块链系统交易频率较低,加之其现在挤占的资源已经特别巨大,不仅占用极多的运算资源,也占用大量的储存资源,无法满足当前不同规模金融组织或大中型企业的资产交易或信息交换需求。比特币区块链每条交易平均大小为 250 字节,如果区块大小限制在 1M 以内,那么每个区块最多可容纳 4 000 条交易。按 10 分钟生成一个区块的速度计算,一天能产生 144 个区块,也就是 576 000 条交易,即比特币区块最高每秒处理 6.67 笔交易

(长铗、韩绛,2016)。现在的比特币系统一秒仅可完成七个订单交易,但 VISA 要求一秒至少完成上万个订单,显然区块链技术没有办法实现主流支付系统的交易需求。虽然比特币不能代表所有的数字货币或数字资产,但其缺陷也从侧面反映了虚拟资产交易所要面临的问题。

(四)区块链技术与数字资产交易的融合

1. 版权安全化

我国针对数字资产保护的法律法规较为匮乏。因此,大部分数字资产在发布时没有进行版权登记,一方面作者会面临作品被盗用的风险;另一方面,使用者不能在法律保护下使用作品,通常会转而选择那些具备版权登记的作品。在这种情况下,区块链与数字资产交易相融合,有效解决了版权未登记等问题——作品发布时,区块链平台会引入 Hash 值及著作相关信息的新节点,第三方平台在当下的时段信息引入此区块,最后将此区块嵌入整体区块链,极大地节约了著作者申请版权登记的精力及时间。

2. 合约智能化

数字资产交易过程无法跳脱交易的一般特性是由买卖双方共同认同某些条件而促成的结果,而合约就包含了这种约定条件。传统的网络交易过程,需要买卖双方在独立第三方的见证下相互商讨直至达成一致。区块链的天然特性能使数字资产交易得以合约智能化,直接由买卖双方完成而剔除了独立第三方的见证程序。区块链合约是在代码块中写入相对独立的程序信息,这些信息包含固定的公约准则,需要被调度时立刻被触发,然后将触发后的信息引入区块链的每个平级节点中。由于平级节点中的每个节点都会对其他节点行使监督的职能,买卖双方因失误而造成的交易损失很难发生,合约内容及被引入的交易信息无法更改。因此,这种只有买卖双方参与的交易过程提升了交易效率及合约安全性。

3. 信息互通性

传统的数字资产交易离不开第三方机构的见证,著作者需要在第三方平台上与买家制定合约并完成交易。第三方机构的平台维护及安全性无法保证。由于平台拥有的作品体量和规模都较大,若被窃取或被黑客攻击会流失大量的著作者收益。区块链的交易信息会平等地写入每个平级节点里,各个节点具备独立信息又彼此联系,形成了信息互通的链状网络。作品信息及交易记录实现了全时段的信息共享,且通过任意节点都可以验证到作品的全部交易记录,消除买卖双方的信息差。

(五)区块链技术与数字支付

1. 数字钱包

区块链数字钱包是管理区块链节点的密钥和地址的工具,能够高效安全地对用户数字资产进行管理。区块链中比较常见的钱包是比特币钱包与以太坊钱包。从广义上讲,区块链钱包是一个应用程序,它可以控制用户访问权限,管理私钥和钱包地址,同时可以查询余额以及创建交易;从狭义上讲,钱包是指用于存储和管理用户私钥的一种数据结构。数字钱包为满足更多应用场景应该推出更加通用的设计,既可以通过 API 接入区块链,又可以应用到 DC/EP 等数字货币中。

2. 数字货币支付

基于钱包的数字货币移动主要包括用户的支付、账户的存入和账户的转账三种行为。在支付的情境下,账户行数字货币系统在接收数字货币钱包的支付请求后获取用户输入的数字货币钱包的 CA 证书数字签名,以生成数字货币转移请求;接着账户行数字货币系统将数字货币转移请求发送至数字货币发钞行,并接收带有发钞行数字签名的支付成功结果。

五、区块链金融存在的风险

(一)难以兼顾安全、功能和性能的要求

第一,区块链技术通过大量的冗余数据和复杂的共识算法提升安全可信水平,金融业务需求的增加将导致系统处理量更大幅度地增加,并加剧参与节点在信息存储、同步等方面的负担,在现有技术环境下可能导致系统性能和运行效率下降。

第二,搭载智能合约可能带来一些新的风险,尤其是将其用于实现复杂业务功能时,需要深入的业务逻辑理解和较强的程序设计能力,否则可能导致交易执行错误或程序代码漏洞,影响金融业务运转和区块链系统运行。

第三,密钥安全仍存在一定隐患。比如,私钥遗失或被盗等情况会危害私钥所有者的权益,且私钥唯一性使得上述损失难以补救。

第四,区块链底层技术架构与现有技术体系的融合集成上还存在一定困难,主要体现在开发效率慢、可扩展性差、数据结构化程度低、网络结构复杂、升级维护不灵活等问题。

第五,区块链技术架构仍需要更好地匹配金融系统对可用性与业务持续性的高要求,且信任机制、数据保存方式等仍待获得传统金融机构的接受和认可。

(二)法律界定、技术风险和学科融合较为模糊

第一,链上资产和智能合约等方面的法律有效性界定不清晰,发生纠纷时难以寻求法律救济,且分布式体系进一步提高了责任主体认定难度。

第二,部分区块链体系高度自治且数据加密,在缺少必要权限的情况下,违规开展金融业务的行为和潜在风险对金融管理部门等外部者而言相对隐蔽。

第三,对国外开源程序的广泛应用可能导致技术依赖风险,且代码托管平台等开源服务相关方也需遵守注册地等相关司法辖区的法律法规要求,在贸易保护主义抬头背景下存在不容忽视的政策风险。比如,GitHub 在其使用条款中明确规定不得违反美国或其他适用司法辖区的出口管制或制裁法律。

第四,有关标准规范有待建立健全,存在一定程度的"各自为链"情况,可能造成不同区块链间信息交互和融合存在困难。

第五,区块链需要跨学科综合,包括分布式、存储、密码学、网络通信、芯片技术、经济学等,导致学习成本高、实施难度大,人才培养和实践经验积累周期长。

(三)权威第三方评级机构较为匮乏

第一,部分依托区块链平台开展的数字凭证拆分、积分通兑等环节尚存在一定的模糊地带,相关政策有待进一步明确。

第二,在区块链共识机制下,部分敏感信息缺乏隐私性,而组合环签名、零知识证明、同态加密等密码学新技术尚不成熟,将其用于隐私保护反而可能导致数据膨胀、性能低下等问题。

第三,由于无法保证数据上链前的真实性和完整性,难以真正形成闭环以

降低风险,反而可能因信息失真或扭曲而造成潜在损失。

第四,部分区块链应用创新未经严密论证,且缺少权威的第三方评估意见作为参考,一些应用甚至难以达到传统数据库技术的效率水平,不仅导致资源浪费,还可能对自身持续经营造成不利影响。

六、区块链金融监管

(一)政策监管

第一,加强对区块链安全风险的研究和分析,密切跟踪发展动态,积极探索发展规律,坚持"凡是金融活动都应纳入监管"的原则,严格落实国家互联网信息办公室《区块链信息服务管理规定》等现有监管规定,引导、规范金融机构和技术企业共同推动区块链技术在金融领域的可靠、可控、可信应用,促进区块链技术与金融的深度融合。

第二,充分利用包括区块链技术在内的监管科技,加强监管能力建设,提升监管效能,同时加强地方政府及金融管理部门人员运用与管理区块链技术的知识能力,逐步建立起与区块链技术发展水平相适应的监管体系。

第三,密切关注加密货币等应用在跨境资金流动、恐怖融资、洗钱和逃税等方面可能带来的问题和挑战,持续跟踪国际监管动态,积极参与相关跨境监管规则与标准的研究和制定。

第四,对于有违技术发展规律和损害金融秩序的不法行为和乱象,应保持高压态势,持续采取措施重拳打击,坚决遏制歪风邪气,切实引导并将区块链技术发展与此类乱象有效切割。

(二)行业组织

第一,搭建汇聚政产学研用各界资源的有效平台,开展热点难点问题研究,持续关注国际发展动态和金融应用成果,探索对区块链在金融领域应用及相关责任主体开展服务实体经济价值、合法合规性、安全规范性、运营稳健性等方面的评议评估,推动成果和经验的应用推广。

第二,做好各方的桥梁纽带,对于政府和市场之间,客观反映问题诉求,正确解读监管政策,评估监管措施效果,及时传递市场反响,促进双向良性互动。对于市场主体之间,积极推动交流合作,扬长避短,实现互补共赢,形成区块链技术在金融领域应用的良好发展环境。

第三,按照"共性先立、急用先行"原则,围绕技术发展和业务场景关键环节,以技术安全、业务合规和金融消费者权益保护为重点,推动和完善区块链技术在金融领域应用中的基础术语、安全规范、应用评估等的标准规范,逐步完善区块链技术和应用标准体系,促进各方达成共识。

第四,强化基础设施建设,发挥行业自律作用,聚焦于区块链技术在供应链金融、签约存证等具体场景中的应用痛点,探索建立满足信息跨链共享、存证权威可信等行业需求的信息基础设施。

第五,切实加强公众教育,使公众能够正确认识和客观理解区块链技术,对缺乏理性、跟风炒作现象适时进行风险提示,不断强化公众风险意识和自我保护观念,引导其远离各类打着区块链技术创新旗号的非法金融活动。

(三) 从业机构

第一,强化基础研究,扎实练好内功,结合自身技术基础与发展定位,深入研究区块链应用及底层技术,推进区块链底层平台的持续优化,加大区块链人才培养力度,加快形成自主创新体系,不断实现区块链核心技术突破,提升原始创新能力。

第二,充分考量金融业务场景适用性,建立合理的激励机制和商业模型,做好产品技术验证和项目推广,逐步走出实验室测试和内部试点,在合规前提下探索和推动区块链技术在金融领域应用的商业落地,更好地发挥区块链技术在促进数据共享、优化业务流程、降低运营成本、提升协同效率、建设可信体系等方面的作用。

第三,稳步提高技术自主可控能力,通过相关的产业支持政策、税收优惠政策等,促进金融领域关键信息基础设施持续优化,切实提高技术可靠性,加强"链上"金融业务的风险抵御能力。

第四,充分考虑监管要求和法律适用问题,结合业务和技术发展实际,开展合规审慎经营,持续提升风险防范的意识和能力,做到风险管控安排与产品服务创新同步规划、同步实施。

七、区块链技术与金融教学融合的展望

(一)"区块链"+教学

教学是人才培养的核心也是基础,是支撑专业内涵式发展的动力源泉。而金融专业属于"商科"类专业,教学内容通常围绕商业"交易"展开,一般会涉及两个或两个以上的主体,将区块链技术的去中心化与之有机结合,能够有效突破传统教学观念以某一个体为中心的惯性思维。此外,在实践教学环节中,将区块链技术渗透到银行、证券、保险等行业服务场景,打造集理论、实战、运用、体验四位一体的金融专业实训教学场景。同时,在专业理论学习方面,增加区块链编程技术的学习环节,区块链技术作为金融科技的底层技术,掌握理论知识是实操的前提和基础,从而培养学生的创新思维和操作能力,拓展学生就业范围,打造精通技术的复合型金融人才。

(二)"区块链"+评价

评价是围绕在教学和创新创业周围的不可或缺的重要一环,它既是标准亦是手段,作为标准可以检验学生学习效果、教师教授效果,又为学历认证、能力认证提供依据;作为手段评价体系,具有较强的导向力,评价的指标设定可以激励学生达到学习目的。借助于区块链技术原理的"去中心化""时间戳""不可篡改"的特性,在学生评价体系中,应当引入多方主体,在各个环节和时点对每位学生进行更加客观公正的评价,达成"网络共识"。这种评价方式的特点表现在:一是借助协同育人平台、专业竞赛平台、创新创业平台,引入利益相关者的评价体系。在教学过程中引入协同育人平台,直接对接合作企业真实业务,将能够把评价主体延伸到企业,直接以企业对岗位的要求、行业的标准来衡量、评价;同样,以参加专业竞赛的形式将学生竞争场所放置于学校围墙之外,将更加直观地引导学生适应社会,达到有效评价。二是评价主体多元化。在采用多主体并行、依据任务流程开展学习的教学方式中,会出现多个主体的同时参与、同时交易、协作完成任务,从而也可以很便利地对有交集的个体进行评价。三是评价形成于过程中。在实践教学的评价体系方面需要进行优化完善,重视学生学习质量的过程性评价,建立多元化评价体制,严格把控学生的学习质量。

（三）"区块链"+创新

创新作为构建双循环格局至关重要的环节,在党的十九届五中全会上被摆在重要位置,这次全会进一步明确要不断激发市场活力和创造力。高校人才培养的要求,一方面是利于就业,另一方面是激发学生自主创新、自主创业,寻求特色发展。对于在校财会类专业学生来说,"双创"最重要的是对接社会,跟进专业发展形势,结合新业态、捕捉新需求,继而开发新的经营模式或者新技术。基于此,将区块链原理应用于财会类专业人才培养创新创业体系的实施途径包括:

第一,勾勒多方主体交互作用的蓝图。有意识地构架由多方主体建立长效联系的平台、渠道,这些渠道、资源、人脉将为"双创"教育带来资金、客户、宣传等各方面的潜在效应。

第二,激发学生创新创业意识、培养学生创新创业能力。在"大众创业、万众创新"的背景下,创新对于经济社会的发展具有至关重要的意义(Schumpeter,2013),鉴于此,各高校应当高度重视大学生创新创业工作,促进其蓬勃发展。

参考文献:

[1]曹辉,燕欣.区块链技术于金融市场的应用与困境突破研究[J].徐州工程学院学报(社会科学版),2021(2):28-34.

[2]狄刚.区块链技术在数字票据场景的创新应用[J].中国金融家,2018(5):69-71.

[3]狄刚.区块链在数字金融技术体系中的发展与挑战[J].信息安全与通信保密,2021(1):14-20.

[4]姬晓灿,成积春,张雨强.技术时代精准教学探究[J].电化教育研究,2020,41(9):102-107.

[5]李爱君.区块链票据的本质、法律性质与特征[J].东方法学,2019(3):64-71.

[6]李青,张鑫.区块链:以技术推动教育的开放和公信[J].远程教育杂志,2017(1):36-44.

[7]李任斯,万滢霖.区块链对企业营运效率的影响:信任助推器还是炒作?[J].会计之友,2021(1):153-160.

[8]焦志勇.简政放权与赋能还权:深化高等教育综合改革的路径探析[J].国家教育行政学院学报,2014(1):3-8.

[9]马理,朱硕.区块链技术在支付结算领域的应用与风险[J].金融评论,2018,10(4):83-94,121.

[10]渠慎宁.区块链助推实体经济高质量发展:模式、载体与路径[J].改革,2020(1):39-47.

[11]彭刚,黎双,何焰兰,等."大学物理实验"MOOC建设探讨[J].工业和信息化教育,2015(6):55-59.

[12]彭红光,林君芬.无边界教育:教育信息化发展新图景[J].电化教育研究,2011(8):16-20.

[13]全立新,熊谦,徐剑波.区块链技术在数字教育资源流通中的应用[J].电化教育研究,2018,39(8):78-84.

[14]孙凤毛.区块链技术在供应链金融中的应用[J].计算机产品与流通,2020(8):70.

[15]孙青,艾明晶,曹庆华.MOOC环境下开放共享的实验教学研究[J].实验技术与管理,2014,31(8):192-195,214.

[16]杨现民,李新,吴焕庆,等.区块链技术在教育领域的应用模式与现实挑战[J].现代远程教育研究,2017(2):34-45.

[17]袁子涵.区块链技术下数字货币发展现状与挑战分析[J].现代商贸工业,2019(10):107-108.

[18]袁子涵.区块链技术下数字货币发展现状与挑战分析[J].现代商贸工业,2019,40(10):107-108.

[19]张昱龙,杨民强,远经潮,等.MOOC远程实验平台的设计与实现[J].合肥工业大学学报:自然科学版,2016,39(5):622-624,690.

[20]周立群,李智华.区块链在供应链金融的应用[J].信息系统工程,2016(7):49-51.

［21］DE MEIJER C R. The UK and Blockchain technology: A balanced approach［J］. Journal of Payments Strategy & Systems, 2016,9(4): 220-229.

［22］DI GREGORIO M. "Blockchain: A New Tool to Cut Costs"［J］. Middle East Insurance Review,2017,2:50-51.

［23］GUO Y, LIANG C. Blockchain application and outlook in the banking industry［J］. Financial Innovation, 2016,2(1):1-12.

［24］KSHETRI N. Will blockchain emerge as a tool to break the poverty chain in the Global South? ［J］. Third World Quarterly, 2017,38(8):1710-1732.

［25］LARIOS-HERNÁNDEZ G J. Blockchain entrepreneurship opportunity in the practices of the unbanked［J］. Business Horizons, 2017,60(6):865-874.

［26］MAINELLI M, SMITH M. Sharing ledgers for sharing economies: an exploration of mutual distributed ledgers (aka blockchain technology)［J］. Journal of financial perspectives, 2015,3(3).

［27］O' LEARY D E. Configuring blockchain architectures for transaction information in blockchain consortiums: The case of accounting and supply chain systems［J］. Intelligent Systems in Accounting, Finance and Management, 2017,24 (4):138-147.

［28］RASHIDEH W. Blockchain technology framework: Current and future perspectives for the tourism industry［J］. Tourism Management, 2020,80:104125.

［31］SHAHAB S, ALLAM Z. Reducing transaction costs of tradable permit schemes using Blockchain smart contracts［J］. Growth and Change, 2020,51(1):302-308.

［32］ZHANG Y, ZHANG P, TAO F, LIU Y, ZUO Y. Consensus aware manufacturing service collaboration optimization under blockchain based Industrial Internet platform［J］. Computers & Industrial Engineering, 2019,135:1025-1035.

元宇宙与金融①

张　萍　赵英涵

摘　要:2021年初以来,元宇宙概念在世界范围内成为热点,各大互联网公司乃至文娱教育行业都在探索元宇宙,试图将元宇宙与其所在行业进行融合,占据元宇宙发展的领先地位。本文旨在阐释元宇宙构建的基础、其应当具备怎样的经济体系,以及元宇宙可能存在的金融风险以及如何防范。我们认为,使用区块链技术构建元宇宙是比较有前景的,而元宇宙与现实世界经济上的链接则应由各国央行法定数字货币和全球稳定币来完成。本文也对区块链现存的不足进行了介绍,并提出了关于如何防范元宇宙风险的建议。

关键词:元宇宙,区块链,加密数字资产,现实世界

一、元宇宙

(一)元宇宙的概念

元宇宙的概念在2021年成为一时热点,各大科技公司争相对元宇宙概念相关领域进行投资,力图在元宇宙行业发展上占据领先地位。具体而言,元宇宙是一种超越现实的虚拟宇宙。按照"元宇宙第一公司"Roblox公司的说法,一个真正的元宇宙产品应该具备八大要素:身份、朋友、沉浸感、低延迟、多元化、随地、经济系统和文明。

当前大众对于元宇宙的态度存在两个极端,乐观者认为元宇宙是推动科技

---

①　基金项目:首都经济贸易大学校级教改课题——聚焦区块链技术推动金融工程教学改革(重塑"一体三环",提高"学习收益")。

作者简介:张萍,经济学博士,首都经济贸易大学金融学院副教授;赵英涵,首都经济贸易大学金融学院金融学硕士。

发展的又一机遇,是 VR、AR 领域进一步开发的机会,并且提供了巨大的投资机会;与之相反,悲观主义者则认为,元宇宙的诞生可能会导致人类沉迷其中,导致人类对肉体的遗弃,会导致人类文明倒退乃至人类灭绝。但从现实状况来看,目前元宇宙仍处在萌芽阶段,还没有出现一个完全具备上述要素的完美环境,元宇宙如何与现实世界链接还需要进一步探索。

当前,元宇宙概念在游戏领域初见雏形,现有的很多游戏已经基本符合"身份""朋友""多元化"等条件,游戏与 VR 结合又提供了"沉浸感"。但需要注意的是,这些游戏彼此独立,彼此的商城系统并不互通,各自系统中的"货币"也需要用如人民币等法定货币进行兑换,且只能在特定游戏系统内使用,即各个模块之间仍旧不能互通。由此,我们可以大胆推测,元宇宙需要满足的各个要素中,跨区互通的系统是最难以建立的,但当前有一个可能途径,即以区块链、数字货币为基础来搭建元宇宙包括经济系统在内的互通系统。

(二)元宇宙的诞生与发展

关于"元宇宙",目前比较受大众认可的思想源头是 1981 年出版的小说《真名实姓》中作者创造性地构思的一个通过脑机接口进入并获得感官体验的虚拟世界。

随着芯片、网络通信、5G 技术、VR、AI 等技术的发展,29 年前的"科幻"概念成为现实的可能性正在逐渐提高。2014 年,Facebook 以 20 亿美元的高价收购了虚拟现实公司 Oculus,提前为元宇宙布局。

2021 年,元宇宙概念真正在国内外兴起:3 月 10 日,游戏公司 Roblox 在纽交所上市,首日股价上升 54.4%,市值超过 400 亿美元,同时,由于 Roblox 是全球首家将元宇宙概念写进上市招股书的公司,因此它的上市也被称为"元宇宙第一股";3 月底,游戏平台 Rec Room 完成新一轮融资,总额达 1 亿美元;4 月,Epic Games 获得 10 亿美元投资,用来构建元宇宙。

国内各大科技公司也对元宇宙概念表现出了极大热情。2021 年 3 月,移动沙盒平台开发商 Meta App 宣布完成 1 亿美元 C 轮融资,SIG 海纳亚洲资本领投;这家公司号称要打造全年龄段的元宇宙世界,这笔融资也是迄今国内元宇宙领域最大规模的单笔融资。4 月 20 日,号称中国版"Roblox"的游戏引擎研发商代码乾坤获得了来自字节跳动的近 1 亿人民币的战略投资。5 月 28 日,云游戏技术服务商海马云完成了 2.8 亿元人民币的新一轮融资。腾讯也正逐步完善其在元宇宙概念上的资本布局,覆盖行业包括社交平台、音频媒体服务平台、虚拟演出服务等各个行业。字节跳动则收购了中国 VR 设备公司 PICO,投资了 AI 创作服务商、视觉计算等。

由以上案例可以看出,元宇宙已经引起了国内外的关注,并掀起了新一轮投资热潮。我们也有理由相信,未来的元宇宙中必定会建立起与现实世界互联的新经济体系;但不能忽视的是,元宇宙未来也一定会给现实世界的经济造成一定程度的冲击;我们应该采取一定措施对其风险传导可能造成的后果进行控制。

另外,以比特币为代表的加密货币在近几年间逐渐被大众认可,并已经应用到了多种交互场景,甚至逐渐成为一个可以被投资者选择的对冲资产。加密货币与各个国家的法定货币不同,加密货币没有国家强制力背书,也没有特定发行机构,去中心化特征十分明显,价格波动幅度较大。但是基于区块链技术的加密货币的运行路径保证了加密货币交易时隐藏和保护个人信息的能力,此外加密货币还具有防篡改功能(宋阳等,2021),这两个优势是加密货币能够获得用户信任的重要原因。

元宇宙概念的兴起,同时再一次提振了投资者对加密货币的热情。通过比较比特币和以太坊在 3 月 10 日“元宇宙第一股”上市前后收盘价的变化可以发现,在“元宇宙第一股”上市后比特币和以太坊的日收盘价都呈上涨趋势,尽管最后又出现了价格回落,但我们能从价格的上涨中看到元宇宙概念对加密货币的影响。

更加值得注意的是,数字货币背后的核心技术为区块链技术,也正是区块链技术赋予了加密货币的各种功能。当前构建元宇宙有两种途径,其中之一是通过互联网平台建设元宇宙,但这一路径的缺陷十分明显。例如,以几家大型互联网公司为基础建立的元宇宙系统会有明显的中心化特征,会受到互联网公司的影响;另外,容易形成数据垄断。因此,以区块链技术为基础建立元宇宙是更为合理的做法。本文将在第二节对元宇宙中的区块链技术作详细描述,在第三节中阐述元宇宙中的经济体系以及金融风险传导。

二、元宇宙中的区块链

(一)使用区块链技术构建元宇宙的优点

要指出的是,相对于以大互联网公司为基础构建的元宇宙,使用区块链为基础构建元宇宙具有非常明显的去中心化优势。原因是区块链技术基于计算机技术,不是任何一个国家或者平台的附庸,不会由于某一互联网公司出现危机而导致元宇宙系统受到冲击。

目前的主流区块链系统由于其底层的技术逻辑,在链上交易时不会形成传统意义上的结算在途资金或结算风险,建立在便捷、高效、成本低的交易系统的基础上的这一优点十分重要。同时,随着以区块链技术为基础的加密货币在全球范围内逐渐得到认可,不同区块之间的联系可以通过技术解决,因此区块链也将是构成元宇宙经济系统的基础。

区块链具有的另一个优势是区块链构建的加密平台,使用双方可以各自隐藏和保护自己的信息。区块链上分散的"分类账"实现了"去中心化"地记账,想要获取或篡改这些信息就需要到达底层协议系统才能够实现,加强了用户隐私信息的安全性;分类账同样方便了审查和核实,是一种成本低且便利的方式。

区块链技术在构建经济系统方面也同样具有优势:区块链技术非常适用于通证发行、登记和流转,实现价值转移。原因是其可以使单一的通证以低成本进行流通,消除了国际间汇款成本、携带成本以及兑换成本,同时也极大地降低了不同通证之间的兑换成本。此外,基于区块链的通证经济在相当程度上消除了信息不对称、收入差距日益扩大以及非理性情绪,因此对于防范金融风险也有较好作用。

从长远来看,以区块链技术为基础构建元宇宙是更具有前景的。但本文也没有否认大型互联网公司在元宇宙建设中能够发挥的作用。

(二)区块链仍需完善的方面

以区块链作为构建元宇宙的基础虽然具有上述的相对优势,但仍然存在一些需要完善的方面。

首先,区块链的物理性能不高,即每秒钟支持的交易数较低,特别是对公有链。在一些场景中,应用联盟链或者私有链代替公有链是绕开区块链物理性能不高的一种方法。但需要指出的是,正是因为公有链的物理性能不高阻碍了区块链的大规模应用。因此,提高物理性能是区块链需要进一步突破的方面。

其次,根据一篇来自 CDSN 的区块链成熟度测评报告,其涵盖八大类评估属性(功能性、性能效率、安全性、可靠性、易用性、可扩展性、可维护性、兼容性),具体包括 P2P 网络、智能合约、共识算法、账户体系、隐私安全等 34 个测试项、108 个评测指标。不同的区块链系统,虽然在区块网络方面的功能都完备,但是在账户体系、智能合约、共享账本方面的功能完备程度不同,不同区块链系统支持的共识算法也不同;更为重要的是,在身份验证、访问控制、加密体系和隐私、密码算法、抗攻击能力、匿名性、云平台集成方面,不同区块链系统之间也存在区别。

因此,在以区块链为基础建立元宇宙时,区块链系统的选取需要认真考量,应当选取抗攻击能力强、加密体系完善、身份验证和隐私保护强力的区块链系统;另外,不同的区块链系统之间各个不同功能的协调或统一也是需要重点考察的。

三、元宇宙中的经济体系与金融风险

(一)元宇宙中的经济体系

元宇宙应当拥有一个闭环的经济系统,其中用户的生产和工作活动的价值将以平台统一的货币形式被确认和确权,用户可以使用这一货币在元宇宙平台内进行消费,也可以通过一定比例"兑换"成现实生活中的法定货币(喻国明,2021)。吴桐和王龙(2021)认为,元宇宙是高度发达的通证经济,在信号货币体系下,元宇宙作为高度通证经济形态,成为信用货币密集流向的领域;区块链作为完成元宇宙拼图的数字技术,将元宇宙和元宇宙通证变成了客观存在、不可篡改的实体,元宇宙通证甚至可以成为独立于元宇宙的价值存在。

我们已经明确了使用区块链构建元宇宙具有更长远的前景这一观点,同时也明确了元宇宙应当具有一个独立的闭环经济系统,构建这一系统目前最可行的一种途径就是使用加密数字资产。加密数字资产在构建元宇宙的经济系统方面具有天然的去中心化优势,且基于区块链技术交易的隐私性、高安全性,不

易被篡改。而我们所处的现实世界已经拥有了一个完善的经济体系,由各个国家的法定货币组成,由此可以推断出,链接元宇宙与现实世界经济的基础应当是各国央行数字货币(CBDC)和全球稳定币(GCS)。

当前,世界上大部分国家都在积极探索法定数字货币,以我国为例:2014 年中国人民银行启动了数字货币研究,2017 年研发工作进入新的阶段,2020 年更是开展了数字人民币的试点工作。

稳定币是指相对于指定资产的价值保持稳定的数字资产,通常是与法币保持锚定,例如 Tether 公司发行的作为美元与加密货币交易中介的 USDT。全球稳定币则是指这种稳定币可以跨区,在多个司法管辖区内流通。全球稳定币(GSC)同样是基于区块链发行的,分为基于抵押经济体系的 GSC 和基于"算法央行"模式的 GSC。基于"算法央行"模式的 GSC 保持价格稳定的方式同央行宏观调控的方式基本一致。但当前的主流是基于抵押经济体系的 GSC。基于链上抵押经济体系的 GSC 又分为链上抵押和链外抵押。链外抵押的典型例子为 Diem。Diem 是由 Facebook 的 Libra 项目更名而来,使命是建立一套简单的、无国界的货币和为数十亿人服务的金融基础设施,旨在成为一个新的去中心化区块链、低波动性的加密货币和一个智能合约平台。

链上抵押则基本基于代码与算法完成,这种模式的代表性项目为 Maker DAO Dai:Maker 是 Dai 背后的整套系统和去中心化自治组织,而 Dai 在整个系统中起到"基础货币"的作用。用户可以通过抵押以太坊来获取 Dai,用于投资或购买其他资产,希望取回以太坊时,只需偿还获得的 Dai 并支付一定利息。需要注意的是,链上抵押系统中没有中央交易对手方,因此不存在中央交易对手风险。

以上列出的全球稳定币的不同模式,给元宇宙内的经济系统搭建提供了不同可能,但我们认为可行性最高的构建方式为当前主流的链上抵押模式,即元宇宙内的经济流通都基于区块链上的加密数字资产之间的转换完成,这种模式也同样易于与各国的法定数字货币进行链接,形成一个相对稳定且便利的通道。

（二）元宇宙中的金融

资产上链就是指将资产与区块链结合,使得资产可以在区块链上进行交易流通。资产上链可以有效缓解现实世界中的信息不对称和道德风险。同时,资产上链也是进一步使区块链脱虚向实的重要途径,在以区块链为基础的元宇宙中,资产上链显然也是将现实世界的各类资产投射到元宇宙中的可实现途径。

当前对于元宇宙的设想是元宇宙作为对我们现实世界的复刻,元宇宙世界中的"土地"、沿街"商铺"都是可以交易的资产。由此我们可以设想,在金融方面,元宇宙也会拥有各类金融产品,而创造元宇宙中的金融产品的最便利方式就是将现实世界中的资产以上链的方式链接进元宇宙,元宇宙用户可以使用元宇宙中的通证对资产进行买卖;另外一种可以上链的资产就是数字化资产,而数字化资产上链就是实现元宇宙"土地""商铺"交易的重要方式。

总而言之,元宇宙在金融资产维度深化的途径分为两种:现实既有的资产上链和数字化资产上链。

既有资产上链不止既有的股票、债券等金融资产上链,也包括房屋不动产等实物资产,既有资产上链交易不会改变资产的物理形态,在链上交易改变的只是资产的所有权,资产上链后会使资产的所有权变化变得更加透明。

数字化资产上链交易最典型的例子就是 NFT,即非同质化通证。NFT 的概念是由加密猫(CryptoKitties)的创始人兼 CTO Dieter Shirley 在 2017 年正式提出的。同年 10 月,他们推出了加密猫游戏并快速走红,NFT 由此开始发展。

新冠肺炎疫情期间,各国政府采取扩张性政策(如量化宽松)以刺激经济,同时随着疫情蔓延,政府公信力下降,投资者纷纷开始将他们的目光从传统资产移开,进行更大胆的风险投资,这一现象也促进了 NFT 等数字化资产的发展。2021 年 2 月开始,NFT 更是出现了爆炸式增长,谷歌搜索量也在 2021 年暴涨(见图 1)。

NFT 正在逐步扩大其知名度和社会认可度,且当前已经逐步形成了 NFT 交易市场,且交易量主要集中在头部项目和头部平台。最重要的是,目前的 NFT 交易已经逐步形成了自己的生态,已有虚拟世界应用了 NFT 项目,如 Decentraland

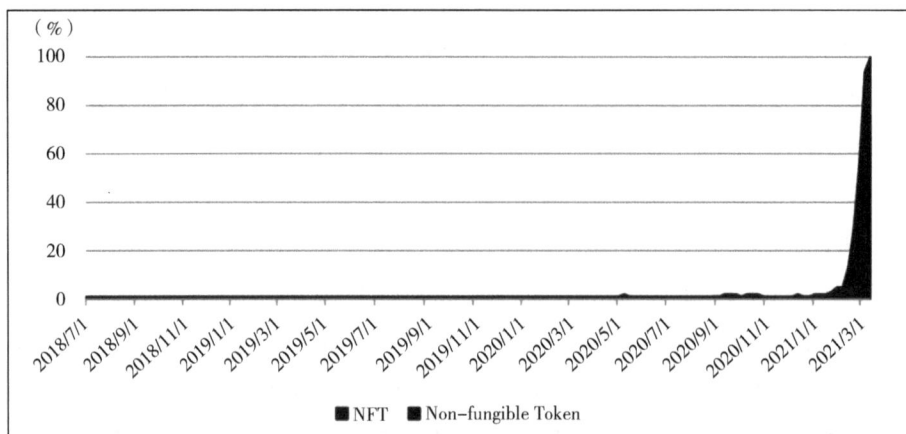

图1　谷歌上"NFT"和"Non-Fungible Token"的全球搜索量(2018—2021)

中的地块 NFT,用户拥有该 NFT 就可以建设改造相应的虚拟土地,这对在元宇宙中建立针对特殊资产的交易系统具有重要意义。此外,NFT 的交易流通维度上已经出现了综合性交易平台,用户可以在平台上交易不同的 NFT 项目;也已经出现了数字艺术交易平台,专注于艺术爱好者的交易。NFT 的可编程性还允许创造者根据属性定制其产品,也就是说,NFT 项目可以作为现有项目的补充。

以上提到的当前的 NFT 发展现状都将在构建元宇宙的金融交易系统时提供重要的便利条件,因此数字资产上链是元宇宙中金融发展的一个相当重要的途径。

(三)元宇宙的金融风险

本节介绍元宇宙中可能存在的金融风险,以及我们如何对风险进行防范。

首先,由于元宇宙与现实的链接基于央行数字货币及稳定币,那么关于这两类货币的风险也要防范及规避。对于央行数字货币,应该注意保障用户的隐私、使用的安全性与便利性,要注意根据应用情况对数字货币的发行等进行合理安排调控。

对于全球稳定币,应根据全球稳定币的不同模式,注意防范不同类型的金融风险。基于"算法央行"模式的全球稳定币,要注意防范庞氏骗局,注意防止借新还旧,保证有足够的流动性,以维持系统的稳健运营;基于链外抵押模式的全球稳定币,需要保证完全的资产储备,保证抵押资产足值,保证出现挤兑时不会出现系统性风险;基于链上抵押的全球稳定币,要关注其抵押资产的价格波动,抵押资产价格上升时,系统会生成更多的稳定币,那么为了抑制稳定币的过度发放,经济系统内的借贷利率会被推高,但由于其抵押资产价格上升或下降具有不对称性,那么在抵押资产价格下降时,如何保证稳定币价值就成了一个关键问题。

下面以 Maker DAO Dai 为例介绍目前基于链上抵押模式的稳定币的两种解决方式:超额抵押或"引入系统的权益所有者"。超额抵押是指,Dai 始终会保持完全储备,在用户进行抵押时根据资产的风险参数进行抵扣,例如 1 500 个以太坊会生成 1 000 个 Dai,这样就保证了 Dai 的足额担保,抵押资产价格下跌且用户没有进行补充的情况下,如果抵押比例低于 150%,系统会启动自动清算。值得注意的是,系统还具有一个激励机制,即每一个用户都可以参与抵押清算,且会获得 3% 的无风险收益。

但是在抵押资产价格急剧下跌时,基于算法的拍卖机制会失效,因此 Maker DAO Dai 采取了第二条举措——在系统中加入了 MKR。MKR 的持有者可以行使"最后买家"职能,当抵押资产价格急剧下跌时,MKR 持有者可以进行社群投票,决定是否启动全局清算,以维护经济系统稳定。我们认为,Maker DAO 为如何防范元宇宙中的通证价格不稳定这一风险提供了很好的范例,在未来的元宇宙中,我们也可以参考 Maker DAO 的措施,对通证进行价值管理,维持其价值的稳定。另外,基于全球稳定币构建的经济体系也要注意防范跨境资本流动风险和监管套利。

其次,元宇宙在资产深化方向也具有风险。例如 NFT 上链:由于 NFT 都具有不同的特征,但目前来看 NFT 的流通性、被大众接受的程度还需要进一步提高,NFT 收益更多的来自其非同质化的特点,受欢迎的产品价格会被炒高。例如加密猫(CryptoKitties)游戏,每只数字猫都独一无二,其价格因"稀缺"而被炒高。同理,在 NFT 上链后,在元宇宙中,我们也要注意防范价格泡沫或者恶意炒高某一资产价格对金融体系造成的冲击。

另外,NFT 的广泛应用对其可扩展性提出了更高要求,并且在区块链交易数量上升的情况下,其网络交易成本也会上升,我们对这两方面应该给予足够的重视。

最后,元宇宙的设想是与现实世界进行链接,同样,元宇宙中的经济体系或金融也会与现实世界进行联通,我们也需警惕两个平行世界间的风险传导。元宇宙中同样需要监管制度,以控制其金融风险;完善风险识别机制和风险衡量框架,以及时发现可能发生的风险,并进行必要的风险控制。

四、结 语

本文从元宇宙的构建基础入手,介绍了元宇宙中的经济体制、金融以及可能存在的金融风险。我们认为,以区块链为基础建立元宇宙具有去中心化、降低交易和结算成本、个人信息更加安全等优势;但区块链仍有突破物理特性限制、协调不同区块链系统之间功能的需要。

另外,区块链的经济体系应当依靠各国央行法定数字货币和全球稳定币。目前,法定数字货币仍在探索阶段,但全球稳定币已经取得了一定成果。元宇宙中也会存在一些金融风险,例如,链上抵押的全球稳定币需要防范抵押资产的价格波动对稳定币币值稳定造成的冲击;另外,跨区风险传染也是一个需要重点关注的重要风险。资产方面则需要防范资产价格泡沫,维护金融系统平稳发展。在两个世界相互链接的情况下,为了防范风险的相互传导,我们应当制定一些监管措施,建立并完善、健全风险识别机制和风险衡量框架。

元宇宙作为一个新兴概念,还处在发展阶段,本文只是简单地从几个方面进行了分析。真正实现元宇宙的落地、与现实世界的相互链接,还需要我们进一步探索。

参考文献:

[1]宋阳,陈莹. 数字加密货币运行的法律基础:以货币信任与信用为视角[J]. 海关与经贸研究,2021,42(2):65-79,95.

[2]吴桐,王龙. 元宇宙:一个广义通证经济的实践[J]. 东北财经大学学报,2021(11):1-11.

[3]徐忠,邹传伟.区块链能做什么、不能做什么?[J].金融研究,2018 (11):1-16.

[4]喻国明.未来媒介的进化逻辑:"人的连接"的迭代、重组与升维——从 "场景时代"到"元宇宙"再到"心世界"的未来[J].新闻界,2021(10):54-60.

新国际经济格局下多角度、全覆盖搭建
国际金融学课程思政体系

赵　然

摘　要：国际金融学这门课程与生俱来就具备搭建课程思政体系的优势，思政内容可通过不断的国际金融历史学习、国际金融市场比较以及数据解读融入教学中去，有天然的思政教育土壤。本文提出，可以顺着梳理党的百年国际金融治理实践—探讨货币崛起对经济文化与国家经济地位的影响—深入货币国际化的理论分析这个路径来系统搭建覆盖国际金融学各章节的课程思政案例体系。此外，本文还分别从货币国际化的条件、人民币国际化的条件、人民币国际化的路径选择与实施战术三方面，通过文献梳理详细论证了国际金融学课程思政体系搭建的理论基础。

关键词：国际金融学，课程思政体系，人民币国际化

一、引言

我们现在正处在世界百年未有之大变局中，今天的中国比历史上任何时期都更接近中华民族伟大复兴的目标，世界舞台中央离我们也仅有一步之遥。中国已经成为当之无愧的全球经济发展引擎，我国同世界的联系更趋紧密，相互影响更加深刻，意识形态领域面临的形势和斗争也更加严峻。在习近平总书记提出的螺旋式上升的思政课程体系中，高校思政教育是检验这个课程体系效果的出口，是将中小学思政课程教育的精华进行提炼和理论升华，并通过与实践紧密结合，帮助学生搭建完整社会主义核心价值观的最关键一环。作为一名长期讲授国际金融学的大学老师，笔者深深体会到了近十年来世界政治、经济、金

作者简介：赵然，陕西汉中人，金融学博士，首都经济贸易大学金融学院副教授。

融格局的巨大转变,我国政治经济地位的每一步提升、科学技术水平的每一次突破、人民币国际化的每一步前行都会让人心潮澎湃、激动不已。笔者为自己能生在当下,有幸见证中国走向世界经济舞台的中央而感到骄傲和自豪,每次上课,总会迫不及待地和学生分享国家政治、经济、金融领域的点滴前行。

国际金融学这门课程与生俱来就具备搭建课程思政体系的优势,不需要刻意为之,思政内容就会通过不断的国际金融历史学习、国际金融市场比较以及数据解读融入教学中去,是天然的思政教育土壤。国际金融学所有理论的核心最终都会落脚到国际货币与汇率上,课程当中的每个理论知识点基本上都和人民币的国际化发展以及中国在全球经济金融领域的崛起有很强的关联。所以,在国际金融理论框架下,梳理建党百年国际金融治理实践,并在此基础上研究人民币国际化的路径和实施战术正当其时。在教学过程中,教师需要不断地将思政理论落实到课堂中的每个环节,比如增加案例分析帮助学生理解中国在国际金融体系中的核心地位,以及人民币在国际货币体系中地位的日渐提升;通过汇率决定理论帮助学生理解人民币没有长期贬值的基础,人民币终将成长为核心国际货币;通过人民币汇率的案例让学生了解中国央行货币政策的前瞻性,并理解中国央行货币政策的稳定性使得中国市场抵御外部金融市场风险的能力大大加强;通过结合内外均衡理论和全球外部环境的现状,加强学生对中国经济政策稳定性和独立性的理解。

二、国际金融学课程思政体系搭建的路径

(一)梳理党的百年国际金融治理实践

中华人民共和国成立初期,经历了战乱的中国经济千疮百孔、百废待兴,即使如此,我党仍然坚持积极推动对外贸易的发展,1948—1960 年,短短 12 年的时间,出口贸易额就从 5.2 亿美元快速上升至 25.71 亿美元,这为随后净出口成为中国巨龙经济腾飞中非常重要的"三驾马车"之一打下了坚实的基础。在那样艰难的时刻,虽然我党在国际贸易和国际金融方面的治理都处在摸索阶段,但仍然取得了显著的成果,积累了大量的成功经验和教训。对这些经验教训的系统总结,可以为人民币国际化战略和路径指明方向,使人民币在国际化进程中不走或者少走弯路。

(二)探讨货币崛起对经济文化与国家经济地位的影响

大国崛起和货币崛起之间是相辅相成、互相成就的关系。人民币崛起成为国际货币将为中国走向世界舞台中央提供最有力的坚强保障。一个国家的金融市场、产品市场可以引领全球经济发展,站在世界之巅最重要的防护墙就是其货币具有坚不可摧的国际地位。

(三)深入货币国际化的理论分析

货币是贸易发展的产物,是作为一种特殊的商品从交换中独立出来充当一般等价物并且发挥交换媒介职能的计价工具,而国际货币更是为了满足国际贸易发展的需要而产生的。在世界经济发展的早期,贸易发展是货币国际化最重要,甚至是唯一重要的决定因素。而随着世界经济的发展,国际经济往来由主要集中于贸易领域向金融市场不断扩展,货币国际化的决定因素逐渐趋向多元化,主要集中于对发行国政治经济实力、币值稳定性、贸易规模、金融市场发展以及货币惯性的研究。

(四)多角度研究人民币国际化的路径选择与实施战术

人民币参与国际货币博弈的重要前提是可以为其他国家提供不同于美元的金融服务,如果不能提供有差异的信用服务,即使美国不采取反抗措施,人民币也将遭遇来自市场竞争的天然进入壁垒。而在这个过程中,如果美国加大对于美元信用产品的研发力度,提供给市场更多有差异的金融服务,那无疑会加大人民币参与国际货币博弈的难度。所以,新SDR框架下提供有差异的金融服务是人民币可以在国际货币博弈中获得成功的关键。

(五)将前述四部分内容进行整合,系统搭建覆盖国际金融学各章节的课程思政案例体系

国际金融学所有理论的核心最终都会落脚到国际货币与汇率上,课程当中的每个理论知识点基本上都与人民币的国际化发展和中国在全球经济金融领域的崛起有很强的关联,比如国际收支、汇率体制改革和国际金融资产配置。国际收支的调节能力最能反映一国的大国责任感和应对短期流动性危机的能力,通过对比经济大国国际收支平衡表的历史数据,就可以很鲜活地感受到大国经济地位格局的转换。汇率是一国政治经济实力最直接的外在表现形式,货

币的需求衍生于对一国产品和服务的需求,从汇率的波动,我们就可以很直观地看出一国经济实力、货币地位的高低。2020 年,新冠肺炎疫情暴发期间,中国所展现出来的大国风范、应对危机的能力和效率以及全民素质的快速提高都让中国成为全球瞩目的一颗耀眼明星,以人民币计价的金融资产已经成为全球投资者金融资产配置组合当中非常重要的核心资产。

三、国际金融学课程思政体系搭建的理论基础

(一)货币国际化的条件

纵观历史长河,能够对国际货币体系的运转起到实质性关键意义的货币屈指可数。从铸币或货币发明以来,每个历史阶段都是少数货币居于支配地位,比如 18 世纪的利弗尔、19 世纪的英镑和 20 世纪的美元都是所处时代的支配货币。历史上各个时代支配货币的发行国都是当时实力雄厚的强国,Kindleberger(1967)就曾提出,成为"国际货币"的首要决定因素就是一国的经济实力。在国际货币体系演变的历史中,货币之间的相互衍生和模仿几乎都在不经意间维持了主要货币区的延续。"国际货币"是由不同国家的货币相互竞争形成的产物,一个国家货币的国际化程度或国际地位是该国经济实力强弱的外在表现,国家间经济实力的此消彼长决定了相应货币国际竞争力的高低,以及作为国际货币周期的长短。

陈雨露等(2012)表示,现代货币能否在一国国内以及国际范围内流通、使用完全取决于市场对该货币的信心,即该种货币的偿付能力;而货币发行国的经济实力就是信用货币持有者最强大的信心保证。从历史角度来看,英镑、美元、德国马克、日元以及欧元能够成为主要国际货币,其背后都有强大的整体经济实力作为支撑。美国的经济总量在第二次世界大战结束后占全球的比重达到 60%,伴随着美国经济的强劲增长,美元逐渐发展成为全球市场中最重要的交易媒介货币、投资计价货币以及各国官方储备资产的最主要构成币种。2008年次贷危机发生以来,虽然美国的经济实力有所减弱,但其在全球市场中所占据的地位仍然遥遥领先于其他国家和地区,在 2020 年全球储备资产中,美元所占比重仍然接近 60%,远高于欧元的 21% 和英镑的 4.7%。一国货币在国际范围内的使用程度虽然千差万别,但是都离不开经济实力这样一个根本性的

前提。

在全球化的世界经济格局下,贸易规模不仅成为衡量一个经济体对外开放程度的重要指标,而且也能反映该国在国际经济贸易体系中的地位。对外贸易规模越大,该国参与国际经济活动的程度就相对越高,使用该国货币进行结算就可以最大限度地节约交易成本,助推国际贸易的发展。经济实力与货币国际地位之间存在着显著的相关性,一国货币的国际地位攀升是其经济实力增长的最直接反映。历史经验显示,当一个国家的经济总量在全球经济总量中的比重接近或超过 10% 的时候,该国货币就具备了成为主要国际货币的经济基础。

(二)人民币国际化的条件

2008 年次贷危机以来,中国高速的经济发展举世瞩目,尤其是 2010 年首次超过日本成为世界上仅次于美国的第二大经济体。货币国际化的发展是一国经济实力的最高级表现形式,是一国政治、经济、科技都走向全盛时期后才可以拥有的国家红利。中国现在是全球第二大经济体、第一大贸易体,占全球 GDP 总量的比重达到 17%,仅次于美国。中国出口占全球出口总额的比重超过 13%,超过了日本和德国出口额之和,远超排名第二的美国。中国现在是当之无愧的全球经济发展引擎,目前中国对全球经济增长的贡献率为 32.37%,排名世界第一,美国为 20.31%,欧元区仅为 8.75%。2020 年新冠肺炎疫情暴发后,在主要发达国家和区域经济负增长期间,中国的经济总量增速仍然维持了 2.27% 的正增长。中国快速增长的经济实力和巨大的贸易规模为人民币的国际化发展创造了广阔的平台,尤其有利于促进人民币国际交易媒介职能的发展。

此外,人民币在国际金融危机期间,顶着巨大的升值压力力保币值稳定,为亚洲以及全球经济的复苏作出了巨大贡献,也展示了我国促进全球经济平衡的努力。中国货币当局稳定人民币币值的一系列措施为人民币在国际金融舞台上赢得了可贵的信誉,这也是市场对人民币的未来发展充满信心的一个很重要因素。最初提到"人民币国际化"这个概念时,很多人士认为这是异想天开的事情,并没有给予过多的重视,甚至在人民币国际化已经迅速推进的今天,仍然有很多人对此持质疑的态度,这多是由于对"人民币国际化"内涵存在误解而造成的。一提到"国际货币"，大家首先想到的就是美元，所以一提到"人民币国际化"，很多人首先想到的就是要把人民币打造成另一个美元。实则不然，"人民币国际化"并不是要人民币去和任何货币进行攀比，更加不是要超越或替代美元，而是实实在在地发展人民币自身的海外市场，进而对中国未来的经济金融发展带来诸多的便利条件，使中国能以人民币为依托参与到国际经济金融市场的核心运行机制中去，由游戏规则的接受者变为制定者。发展"人民币国际化"是中国提升国际经济金融市场地位，展现强国姿态的必经之路。

历史经验显示，无论是货币自然国际化还是借力相关政策推进的国际化发展过程，都是在特定的历史背景下发生的，能否准确地把握住时机对货币国际化的最终成功是至关重要的。赵柯（2012）在对德国马克的崛起进行研究的时候就提出，美元的过度特权对德国造成的沉重压力和负担是马克国际化的直接推动力，20世纪六七十年代由美国过于自负的对外货币政策所引发的历次美元危机和全球大通胀，为马克的国际化打开了机会窗口，德国很好地抓住了这一时机并在美元体系之外迅速建立了马克主导下的欧洲货币体系，为德国马克国际化赢得了制度保障和政治支持。中国在金融危机和疫情救助中所采取的负责任的态度和强国姿态增加了市场对中国未来经济发展和人民币长期稳定的信心，为人民币国际化提供了难得的机遇。我们也应当如当时的马克一般，抓住这个"机会窗口"大力发展人民币的国际业务拓展，在美元体系和欧元体系之外建立人民币主导下的亚洲货币合作体系。

多年来经济的高速增长已经让中国成长为世界第二大经济体，2008年开始蔓延的全球金融危机和2020年的新冠肺炎疫情又给世界主要发达国家的经济金融发展造成了巨大的冲击和伤害。这为人民币的国际化发展赢得了充分的时间和相对宽松的外部环境，我们必须抓住机遇大力推进人民币的海外拓展。美元和欧元频频出现的危机已经让现行的国际货币体系风雨飘摇，美国多次量化宽松政策的推行更是进一步说明其货币政策的关注目标更多的是国内市场，而不会在国内市场和国际市场都出现危机时，选择牺牲自我利益而承担起世界经济"稳定者"的职责。

(三)人民币国际化的路径选择与实施战术

在人民币国际化路径选择问题的研究上,国内学界主要集中在六个方面:
SDR 与国际货币体系改革、人民币成为国际货币、货币替代的理论与实证分析、
国际货币战略竞争和博弈形态、国际货币全球资产配置及其垄断地位的利弊分
析、"一带一路"建设对人民币国际化的推动作用。

1. SDR 与国际货币体系改革

多数学者认为应加强 SDR 在国际货币体系中的作用(黄梅波和熊爱宗,
2009;张明,2010;乔依德和徐明棋,2011;王信,2011;吕江林和王慧,2013;陈建
和董静,2014;高海红,2015),但也有研究提出应当创建独立于 SDR 的超主权国
际货币(李翀和郝宇彪,2013;李翀,2014;黄范章,2010;李平和宫旭红,2013)。
潘英丽(2016)以及石建勋和王盼盼(2018)都提出中国应借助 SDR 推动人民币
国际化的发展。其中,潘英丽(2016)提出,虽然 SDR 有其自身难以克服的缺
陷,但是我们仍然可以借助 SDR 的东风,加快人民币离岸市场的建设。石建勋
和王盼盼(2018)则通过将 SDR 使用范围因素纳入全球外汇储备比重结构决定
的 AHP 模型,进一步运用情景模拟方法考察扩大 SDR 使用对人民币国际储备
地位的影响,结果表明,扩大 SDR 使用有助于促进人民币国际储备份额向人民
币在 SDR 的权重收敛,加快提升人民币的国际储备地位。

2. 人民币成为国际货币

学者研究了人民币国际化的成本和收益(刘骏民,2014;孙杰,2014),路径
及目标(吴念鲁等,2009;黄济生和冉生欣,2005;李晓和付竞卉,2010;刘力臻,
2010;张宇燕,2010;陈江生和丁俊波,2012;潘英丽和吴君,2012;崔建军和常
天,2013;戴金平等,2011;夏斌和陈道富,2011;雷达和赵勇,2012;姚小义和钟
心岑,2013;沙文兵和孙君,2014;陶士贵和陈建宇,2015;彭红枫等,2015;丁一
兵,2016;范祚军和常雅丽,2017;刘建丰和潘英丽,2018)以及风险和挑战(余永
定,2012;王爱俭,2013;何平和钟红,2014;韩龙,2015;保建云,2015;李晓和黄
翰庭,2017;连平等,2017)。其中,李晓和黄翰庭(2017)通过研究日元汇率波动
与日元结算货币地位之间的关系,提出人民币汇率制度改革的过程中应该谨慎
地逐步放松汇率形成机制,防止汇率大幅波动对人民币国际化形成负面影响。

连平等(2017)从外汇储备的角度研究了人民币国际化的影响因素,提出外汇储备增速过快不利于人民币国际化战略的实施。此外,还有学者量化测度了其条件、程度及前景(李稻葵和刘霖林,2008;丁剑平和楚国乐,2014;范小云等,2014;范祚军等,2014;范祚军等,2018;王珊珊等,2018)。

范祚军等(2018)通过面板 FGLS 模型得出经济规模、贸易开放程度、政治和军事实力以及网络外部性是人民币国际化的显著影响因素。陈瑶雯和温健纯(2018)通过对货币国际化的基本条件进行量化测度后提出,经济实力和金融市场的发展是人民币国际化的重要保障。王珊珊等(2018)的研究却提出,加大金融市场开放程度不应当成为提升人民币国际储备货币地位的捷径。杨荣海和李亚波(2017)的研究更是进一步提出,人民币已经成为全球大多数国家特别是与中国有密切经济往来国家的隐性“货币锚”。

3. 货币替代的理论与实证分析

学者研究了东亚区域内人民币的替代弹性与前景(邱兆祥和粟勤,2008;石建勋和易萍,2011;石建勋等,2013)、中国的货币替代和反替代(姜波克和李心丹,1998;范从来和卞志村,2008;苑德军和陈铁军,2000;张荔和张庆君,2010;刘再起和范强强,2015)、货币替代对我国货币政策独立性的影响(何国华和袁仕陈,2011)、港元和新台币的货币替代(杜朝运和郑瑜,2011)。

4. 国际货币战略竞争和博弈形态

学者采用非合作纳什均衡模型(李成等,2008)、多群体非对称动态演化博弈模型(朱孟楠和陈晞,2008;黄梅波和王珊珊,2013)、静态一般均衡模型(史龙祥,2014)对人民币国际化进程中要面临的来自其他国际货币的挑战进行研究,并采用双元寡头垄断模型(叶芳和杜朝运,2012),从国际美元本位或国际货币职能视角对美元和欧元之间的货币竞争进行了分析(于同申,2003;李长春,2011)。王慧(2015)以及石建勋和刘宇(2019)都进一步分析了人民币参与国际竞争对全球国际货币体系的影响。其中,王慧(2015)提出人民币成为主要的国际储备货币将在国际储备货币体系内引入更多的竞争,并增进当前体系的稳定性。石建勋和刘宇(2019)则进一步将美元的货币权力进行分解研究后提出,美元权力是不具有可持续性的,人民币货币权力的提升是现今国际货币体系建设的内在要求。

5. 国际货币全球资产配置及其垄断地位的利弊分析

学者通过对主要国际货币之间汇率相关性的预测获取资产跨国配置的超额收益(郑振龙等,2015),或通过一般均衡模型研究发行储备货币的中心国家拥有的独特特权的运作机制和可持续性(张定胜和成文利,2011),也有学者侧重研究了美国的境外美元配置管理(陈平和何帆,2012)。周兆平等(2018)则通过资产组合选择理论构建了国际货币选择理论模型,以研究汇率变动对货币国际化的影响,结果表明货币币值变动与该货币在国际投资和储备中的份额高低并不存在显著的统计学关系。

6. "一带一路"建设对人民币国际化的推动作用

近几年,随着"一带一路"建设的有序实施,越来越多的国内学者开始研究"一带一路"建设与人民币国际化之间的关系(丁剑平等,2018;刘建丰和潘英丽,2018;丁一兵和申倩文,2020)。各位学者的研究虽然都提出"一带一路"建设有助于人民币国际化的推进,但是侧重点却有所不同。其中,丁剑平等(2018)从"一带一路"沿线国家参照篮子货币"隐性锚"的角度入手研究,结果发现独联体和中亚是参照人民币最为显著的两个区域。在对中亚地区的研究结论上,刘建丰和潘英丽(2018)的研究结果和丁剑平等(2018)类似,同样提出人民币国际化推进的潜在目标国应以富资源国和东南亚及中亚"一带一路"沿线国家为主。丁一兵和申倩文(2020)则从贸易角度切入,提出应当积极推进中国对"一带一路"沿线国家资本品和零部件的出口,以推动人民币国际化战略的实施。研究方向上,国外比较注重国际货币博弈一般规律的研究以及日元、马克和欧元对全球资产配置的影响,国内学者则更多关注人民币参与国际竞争和博弈形态的演化。研究趋势上,国外的研究开始着重关注在储备资产配置和全球金融资产配置国际货币选择方面的研究,虽然国内已取得了一定的成果,但将人民币国际化和党的国际金融治理实践经验结合起来的研究仍显不足。

中国共产党成立 100 多年来,全球爆发了多次经济金融危机,但党凭借坚定的意志、正确的领导,带领全国人民平稳度过每次危机,总结历史经验可帮助我们更加明确人民币国际化的方向和目标。在新国际经济格局下,多角度、多覆盖搭建国际金融学课程思政体系的最终目标是将党的国际金融治理实践、货币崛起和大国崛起思想融入国际金融学的各个章节中,搭建持续系统的思政课程体系,做到多角度、多维度地帮助学生树立正确的社会主义核心价值观,通过全面学习我党的国际金融治理历史以及货币崛起与大国崛起之间的关系,点燃学生的民族热情,树立远大的人生理想,成为社会主义事业所需要的合格的建设者和接班人。

参考文献:

[1] KINDLEBERGER C. The Politics of International Money and World Language[M]. Princeton:Princeton University,1967.

[2] 保建云. 论"一带一路"建设给人民币国际化创造的投融资机遇、市场条件及风险分布[J]. 天府新论,2015(1):112-116.

[3] 陈建,董静. 国际货币体系改革路径探讨:基于储备资产和流动性视角[J]. 现代管理科学,2014(8):6-8.

[4] 陈江生,丁俊波. 关于人民币国际化途径的几点思考[J]. 中共中央党校学报,2012年,16(1):77-80.

[5] 陈平,何帆. 关键货币境外余额的国际政治经济学:美国的境外美元管理及其对中国的影响[J]. 世界经济与政治,2012(1):74-92.

[6] 崔建军,常天. IMF 改革困境与中国的现实选择[J]. 当代经济科学,2013年,35(3):23-27.

[7] 戴金平,杨迁,邓郁凡. 国际货币体系变革中的人民币国际化[J]. 南开学报(哲学社会科学版),2011(3):100-106.

[8] 丁剑平,楚国乐. 货币国际化的影响因子分析:基于面板平滑转换回归(PSTR)的研究[J]. 国际金融研究,2014(12):35-46.

[9] 丁剑平,方琛琳,叶伟. "一带一路"区块货币参照人民币"隐形锚"分析[J]. 国际金融研究,2018(10):23-32.

[10] 丁一兵. 离岸市场的发展与人民币国际化的推进[J]. 东北亚论坛,2016(1):21-30.

[11]丁一兵,申倩文.中国对"一带一路"沿线国家贸易影响人民币国际化的机制研究[J].社会科学战线,2020(6):84-92.

[12]杜朝运,郑瑜.货币替代与两岸货币一体化问题思考[J].亚太经济,2011(3):31-35.

[13]范从来,卞志村.论中国的反向货币替代[J].学术月刊,2008,40(9):64-70.

[14]范小云,陈雷,王道平.人民币国际化与国际货币体系的稳定[J].世界经济,2014(9):3-24.

[15]范祚军,温健纯,黄娴静.基于人民币国际化视角的境外人民币存量扩张策略:来自缺口估计法[J].亚太经济,2014(5):36-42.

[16]范祚军,常雅丽.基于要素与目标双重约束的人民币国际化考量[J].区域金融研究,2017(3):5-11.

[17]范祚军,夏文祥,陈瑶雯.人民币国际化前景的影响因素探究[J].中央财经大学学报,2018(4):30-43.

[18]高海红.布雷顿森林遗产与国际金融体系重建[J].世界经济与政治,2015(3):4-29.

[19]韩龙.实现人民币国际化的法律障碍透视[J].苏州大学学报(哲学社会科学版),2015(4):62-72.

[20]何国华,袁仕陈.货币替代和反替代对我国货币政策独立性的影响[J].国际金融研究,2011(7):4-10.

[21]何平,钟红.人民币国际化的经济发展效应及其存在的问题[J].国际经济评论,2014(5):89-102.

[22]黄范章.G20集团与国际货币体系改革[J].金融研究,2010(2):44-51.

[23]黄济生,冉生欣.信息不对称与非单一货币合作区政策协调[J].世界经济,2005(11):32-42.

[24]黄梅波,熊爱宗.特别提款权与国际货币体系改革[J].国际金融研究,2009(8):47-54.

[25]黄梅波,王珊珊.人民币区域化进程中面临的美日挑战:基于演化博弈模型的分析[J].上海金融,2013(6):3-7.

[26]姜波克,李心丹.货币替代的理论分析[J].中国社会科学,1998(3):30-40.

[27]雷达,赵勇.金融发展、金融一体化与货币国际化模式[J].中国人民大学学报,2012(3):65-74.

[28]李长春.储备货币竞争与国际货币体系不稳定性[J].广东金融学院学报,2011,26(6):3-15.

[29]李成,姚洁强,王超.基于博弈理论对中美汇率政策的解析[J].国际金融研究,2008(7):12-17.

[30]李翀,郝宇彪.超主权国际货币运行的实证研究:模拟估值、汇率体系与绩效检验[J].学术月刊,2013,45(1):97-104.

[31]李翀.超主权国际货币构建方案研究[J].学术研究,2014(2):62-70.

[32]李稻葵,刘霖林.人民币国际化:计量研究及政策分析[J].金融研究,2008(11):1-16.

[33]李平,官旭红.未来国际货币体系谁主沉浮?[J].国际经济评论,2013(5):19-29.

[34]李晓,付竞卉.现阶段的国际货币体系改革:东亚的困境与战略选择[J].世界经济与政治论坛,2010(4):62-75.

[35]李晓,黄翰庭.日元汇率波动与日元贸易结算货币地位分析[J].现代日本经济,2017(5):18-29.

[36]连平,丁剑平,鄂永健,等.人民币国际化与外汇储备管理:基于理论和实证的分析[J].国际金融,2017(6):52-62.

[37]刘建丰,潘英丽.人民币国际化的成功标志及其可行路径:一个"有保有压"具有中国特色的推进策略[J].国际经济评论,2018(2):52-67.

[38]刘骏民.决定中美经济未来差距的两个基本因素:虚拟经济视角下的大趋势[J].政治经济学评论,2014,5(1):52-71.

[39]刘力臻.人民币国际化的独特路径及发展前景[J].华南师范大学学报(社会科学版),2010(1):112-117.

[40]刘再起,范强强.跨境贸易结算引发的货币反替代现象研究[J].国际经贸探索,2015年,31(7):75-84.

[41]吕江林,王慧.后危机时期国际储备货币选择研究评述[J].青海社会科学,2013(4):67-72.

[42]潘英丽,吴君.体现国家核心利益的人民币国际化推进路径[J].国际经济评论,2012(3):99-109.

[43]潘英丽.正确处理人民币国际化目标与手段的关系:兼评加入 SDR 的意义[J].探索与争鸣,2016(1):79-82.

[44]彭红枫,谭小玉,陈文博,等.亚洲货币合作和人民币区域化进程:基于带傅里叶变换的 SURADF 实证研究[J].世界经济研究,2015(1):36-47.

[45]乔依德,徐明棋.加强 SDR 在国际货币体系中的地位和作用[J].国际经济评论,2011(3):52-65.

[46]邱兆祥,粟勤.货币竞争、货币替代与人民币区域化[J].金融理论与实践,2018(2):6-10.

[47]沙文兵,孙君.人民币国际化的条件、影响与路径:近期国外文献的一个综述[J].经济问题探索,2014(2):179-183.

[48]石建勋,易萍.东亚区域内人民币替代弹性的实证研究:基于货币服务生产函数的理论分析[J].国际经贸探索,2011,27(11):70-75.

[49]石建勋,易萍,李海英.东亚区域内人民币替代弹性的实证分析:基于"货币需求资产组合理论"模型的扩展研究[J].经济经纬,2013(3):63-67.

[50]石建勋,刘宇.货币权力:美元霸权与人民币国际化[J].西北师大学报(社会科学版),2019,56(4):123-130.

[51]史龙祥.人民币贸易结算的影响因素:基于大国博弈视角的一般均衡分析[J].经济理论与经济管理,2014(3):14-24.

[52]孙杰.跨境结算人民币化还是人民币国际化?[J].国际金融研究,2014(4):39-49.

[53]陶士贵,陈建宇.国际货币陷阱、被美元化及去美元化:兼论国际货币新秩序构建中的人民币国际化问题[J].财经科学,2015(8):23-32.

[54]王爱俭.人民币国际化政策考量与理念创新[J].现代财经(天津财经大学学报),2013(9):3-14.

[55]王慧.人民币国际化与国际储备货币体系改革[J].当代经济管理,2015,37(5):45-50.

[56]王珊珊,黄梅波,陈燕鸿.金融市场发展对一国储备货币地位的影响与人民币国际化:基于 PSTR 模型的实证分析[J].重庆大学学报(社会科学版),2018,24(1):22-33.

[57]王信.改革国际货币体系、进一步发挥 SDR 作用的前景分析[J].外交评论,2011(3):33-43.

[58]吴念鲁,杨海平,陈颖.论人民币可兑换与国际化[J].国际金融研究,2009(11):4-12.

[59]夏斌,陈道富.人民币区域化及风险防范[J].金融论坛,2011(9):3-10.

[60]姚小义,钟心岑.跨境贸易人民币结算对人民币国际化的影响分析[J].求索,2013(4):33-35.

[61]余永定.从当前的人民币汇率波动看人民币国际化[J].国际经济评论,2012(1):18-26.

[62]杨荣海,李亚波.资本账户开放对人民币国际化"货币锚"地位的影响分析[J].经济研究,2017(1):134-148.

[63]叶芳,杜朝运.现行国际货币体系下的货币竞争:基于双元寡头垄断模型的分析[J].上海金融,2012(4):45-49.

[64]于同申.国际美元本位及其对世界经济的影响[J].政治经济学评论,2003(1):97-115.

[65]苑德军,陈铁军.关于货币替代的理论与实证分析[J].中国社会科学,2000(6):15-25.

[66]赵柯.货币国际化的政治逻辑:美元危机与德国马克的崛起[J].世

界经济与政治,2012(5):120-141。

[67]张定胜,成文利."嚣张的特权"之理论阐述[J].经济研究,2011(9):133-146.

[68]张荔,张庆君.人民币实际汇率波动与货币替代的实证研究[J].金融研究,2010(2):68-75.

[69]张明.国际货币体系改革:背景、原因、措施及中国的参与[J].国际经济评论,2010(1):114-137.

[70]张宇燕.人民币国际化:赞同还是反对[J].国际经济评论,2010(1):38-45.

[71]郑振龙,陈蓉,王磊.汇率相关性的预测与全球资产配置[J].国际金融研究,2015(3):76-87.

[72]周兆平,周宙,潘英丽.资产组合理论视角下汇率因素对货币国际化影响研究[J].上海金融,2018(3):62-68.

[73]朱孟楠,陈晞.进化博弈论视角下的国际货币体系演变与人民币国际化路径研究[J].金融发展研究,2008(12):14-17.

金融风险管理课程改革的相关探讨

周 晔 丁 鑫

摘 要：随着中国经济增速放缓，新冠肺炎疫情等各种不确定性的冲击造成金融风险隐患愈加突出，金融市场对于金融风险管理人才的需求持续增加，但是高校对于相关专业的人才培养存在缺陷，金融风险管理课程的教学改革备受瞩目。本文根据金融风险管理的课程特征，通过分析该课程在教学中普遍存在的教学模式、课程设置、考核方式等方面的问题，结合首都经济贸易大学的实际情况，提出了四个方面的建议：丰富教学手段，强化实践授课，合理安排教学课程和优化课程评价考核方式。

关键词：金融风险管理，教学改革，教学模式

金融是国家重要的核心竞争力，金融的核心在于风险管理，尤其自 2020 年新冠肺炎疫情暴发以来，全球各国经济体都经历了自第二次世界大战以来最严重的经济衰退。由于人口下降、资本密集型增长的局限性以及生产率增长的逐渐减速，中国未来可能会经历长期增长率大幅度放缓。在此背景下，如何防范和化解重大金融风险不断受到中央的高度重视，全国金融工作会议、党的十九大报告、中共中央政治局会议及中共中央集体学习均将守住不发生系统性金融风险作为金融工作的根本原则。当前金融数字化转型背景下，新型金融风险的衍生、金融风险的传染性与破坏性进一步增强等均对我国金融监管工作提出了挑战。虽然我国监管体系在不断完善全面风险管理框架，但仍然缺乏金融风险管理专业人才，这是我国实施全面金融风险管理的重要限制条件。因此，探讨

作者简介：周晔，金融学博士，首都经贸大学金融学院教授，博士研究生导师。研究领域：金融风险管理、金融市场及金融机构。

金融风险管理课程的改革体系,培养一批具有扎实专业基础的高素质风险管理人才是国内高校金融风险管理课程建设的当务之急。

在高等普通学校金融类专业开设的金融学、金融工程学、投资性等课程中,金融风险管理与金融学、金融市场学等专业课一直是金融类专业的核心教学课程,且目前均在各个高校的课程安排中。但由于不同高校的专业培养重点及师资力量的差别,金融风险管理课程在开设课程中的学分和学时安排有所不同。2018 年教育部出版的《普通高等学校本科专业类教学质量国家标准》金融学教学质量标准提出,金融风险管理作为金融学的专业必修课程,要提高其在核心课程中的排序和学时,将金融风险管理列为金融学七个专业中五个专业的必修课。可见,金融风险管理受到教育部的高度重视,必须提高金融风险管理课程的教学质量,这就使金融风险管理课程的改革十分必要。

一、金融风险管理的课程特征

金融风险管理是一门理论性和实践性要求都较高的课程。在理论层面,金融风险管理是金融学研究领域的三大方向之一,由于资产定价相对于大多数本科层面的教育而言难度较大,金融风险管理与公司金融就成为本科金融学知识体系中两个重要的组成部分。我国高校的金融学专业课程中,宏观金融的占比较大,微观金融的课程较少,目前国内金融学教育发展的趋势是微观金融的课程逐步增加。在实践层面,国内高校本科生与研究生主要考取的执业证书是金融风险管理师(FRM)、注册特许金融分析师(CFA)、注册会计师(CPA),金融风险管理课程的基础学习对于考取金融风险管理师(FRM)的重要性不言而喻。从就业情况来看,目前国内金融专业高校毕业生的就业方向主要为银行类金融机构,风险管理对于商业银行经营来说至关重要,掌握扎实的金融风险管理基础对于高校金融专业毕业生的就业大有裨益。

金融风险管理课程主要有以下几个特点:

(一)基础学科多,综合性强

金融风险管理涵盖的基础学科包括金融学、管理学、高等数学、概率论与数理统计、计算机科学等,是一门综合性较强的课程。金融风险管理的先修课程较多,主要包含三类:第一类是金融类基础课程,包含金融学和国际金融学等讲授基础性金融产品知识的课程,而且需要学生进一步掌握衍生金融产品相关的知识点,熟悉投资学和商业银行经营管理中金融业务的相关知识和金融监管的相关要求等。第二类是数理基础的课程,学生要掌握微积分、矩阵运算、概率分布等相关的数学知识。第三类是计算机基础课程,金融风险相关模型的运算需要借助计算机操作和软件编程,因而要求学生必须掌握一些计算机编程和软件操作基础知识。在这三类课程的基础上,学生应熟练运用所学的知识开展金融风险管理,因此金融风险管理是一门综合性强、基础学科多的课程。

(二)数理门槛高、量化程度高

金融风险管理的核心在于测算发生违约的概率,预测未来各种不确定性发生的可能,运用数学模型对风险进行量化分析,这便决定了这门课程是以定量分析为主。随着金融理论的不断创新发展和技术层面的进步,金融风险管理的模型、方法、技术等日益丰富,产生了一大批金融风险的专业词汇与度量模型,从在险价值 VaR 模型演化到条件在险价值 ES,再到谱函数型风险度量指标。风险测度的模型也不断更新发展,涌现出一大批现代风险管理模型,如 Z 值计分模型、KMV 模型、Credit Metrics 模型等,而且一些运筹学、系统工程学模型也逐渐被应用到金融风险管理中。这些模型有着较高的数理基础门槛,且定量分析相较于定性分析理解难度较高,学生在学习金融风险管理这门课程的时候将明显感到学习难度较大。

(三)应用性强、实践机会少

金融风险管理的各种模型不仅应用于理论研究,在金融机构的实际运用也较为广泛,如 KMV 模型的推出就是以商业应用为主要目的的风险度量模型。金融机构的风险管理也会大量采用各种现代风险模型对其风险进行监测,因此金融风险管理实际上是实践运用较为广泛的学科。高校学生对金融风险的学习通常仅限于课堂上,在实践中接触金融风险管理的机会很少,而金融机构的实习岗位一般不会涉及风险管理方面的工作,造成大多数高校学生对于金融风险管理的学习仅局限于理论层面,缺乏实践锻炼的机会。

总的来说,金融风险管理是一门内容综合性强、数理门槛高的应用型课程。

对于普通高等学校的学生来说,金融风险管理课程学习难度通常较高,而且实践机会较少,使得学生对于相关的理论知识的掌握不够深入,无法有效提升学生的专业技能。因此,需要对金融风险管理课程的教学内容和教学方法作进一步改进,优化金融风险管理人才培养体系。

二、金融风险管理教学现状

(一)"水课"现象严重,课题教学质量低

根据上述对金融风险管理课程的特征分析,由于其所需的先修学科较多,数理门槛高、实践机会少等,我国高校的金融风险管理课程教学中普遍存在着"水课"现象。因为这门课程难度大,无法有效激发学生的学习兴趣,教师很难在课堂上得到良好的反馈,加之备课花费的时间多,老师们的教学热情也难免不高,"水课"的现象也因此越来越多。高等学校对老师的评价机制主要为科学研究和课程教学,但目前大多数高校教师还是以科学研究为主,高校为了提升知名度,对教师的科研激励也高于课程教学,高校老师为了个人声誉和职称晋升,会将工作重心放在科学研究上,对金融风险管理课程的教学投入不足,导致金融风险教学质量降低,"水课"现象严重。此外,我国高校普遍缺乏有效的竞争淘汰机制,严进宽出的招生机制导致学生学习压力不够,容易出现学习松懈等问题。在高校评价机制和学生"安逸"的学习氛围下,金融风险管理的授课质量不断下降,造成"水课"普遍的现象。

(二)教学方式简单,授课模式单一

我国高校教师的教学普遍采用"灌输式""填鸭式"的教学模式,教师在课堂上讲授金融风险管理的相关知识点,学生则被动式地接受老师传授的知识,而无法主动思考和提问,逐渐丧失了学习的兴趣。随着高校招生规模的扩大,课堂上的人数大幅增加使得老师授课的效果越来越差,高校老师很难调动学生听课的积极性。教师关注科研成果,学生关心学分获得,两者约束使得金融风险管理的教学普遍以任务模式的教学为主:教师灌输完金融风险管理的知识点,学生按时上课就结束了这门课的学习。久而久之,这种学习风气习惯成自然,形成单一的授课模式。

（三）课程评价考核方式缺乏积极性

现行的课程考核是以学生平时表现和期末考核两个方面结合的方式进行。由于教师授课模式单一，课堂上缺乏合作交流，学生的出勤率就成了平时表现的主要参考标准，只要学生按时上课并完成作业，就能拿到平时成绩的学分，导致学生逐渐在课堂上丧失了学习的主动性。而期末考核通常采用书面的方式，很难反映学生真实的学习情况。且期末书面考核的成绩占比通常达到60%~80%，造成学生只在期末集中复习备考、平时不主动学习的现象，教师无法根据期末考核的成绩跟踪到学生的平时学习情况和对课堂知识的接受程度，难以针对学生的问题及时调整授课的重点，最终的期末成绩也无法有效、真实地反映学生的学习成果。而且高校通常不会因为期末成绩清退学生，教师在监考和阅卷的时候也往往会对学生网开一面，造成学生缺乏主动学习的积极性。

（四）课程设置不合理

由于金融风险管理是一门综合性强、数理门槛高、先修学科较多的课程，在其课程安排上要根据学生已经掌握和所修的课程合理安排。但有的高校通常将金融风险管理与其他专业核心课程安排在一起，学生还未掌握足够的相关知识就进行金融风险管理的学习，从而加大了学生的学习难度。而且金融风险管理课程作为专业核心课程和难度较高的学科，应该在其课时安排提供充足的时间，但大多数高校普遍采取一学期的课时安排，这对于学生的学习消化时间是不够的。在课程教材上，国内公开出版的金融风险管理教材差异较大，难易程度不一，不同高校选用的教材都有其偏好，且大部分教材缺乏案例分析等注重实际应用能力，教师在选取金融风险管理教材的时候通常困难重重，难以选到一本适合学生学习的教材。此外，高校金融风险管理课程的授课师资结构仍较为单一，主要以校内专职授课教师为主，缺乏校外具有丰富实践经验的业界专家。而要培养专业的金融风险管理人才，需要专职教师的理论授课和业界专家的实践经验传授相结合的模式，但高校邀请校外专家不可持续，加之课程安排、报酬发放、教师资格等问题，高校只能采取单一的校内专职教师授课的模式。

三、金融风险管理教学改革的思考

(一)丰富教学手段,优化教学方法

金融风险管理的课程体系如果仅靠枯燥的理论讲授很难让学生获得一个良好的听课效果,为了减少"灌输式"的单一教学方式,提高授课质量,应该加强课堂上学生之间、学生与老师之间的交流互动,可以从以下三个方面展开:

1. 案例分析教学

案例分析式的教学模式能够激发学生的学习兴趣,不仅能够减少老师上课备课的压力,缓解"水课"现象,还能大大提高学生的课堂参与度,加深对课程内容的理解,更好地消化课堂所学的知识点。金融风险案例分析的教学模式可以按照小组合作的形式进行,也可以单个学生的案例分析比赛的方式展开。小组合作的模式更加注重学生之间的合作协调能力,个人案例分析则能更好地加强学生的自主分析和表达能力。老师可以分配金融风险案例分析的题目,也可以由学生自行根据所学内容选择案例分析的主题,然后通过课题讲解、轮流发言、提问解答的流程加深学生对案例主题的理解。

2. 辩论式教学

除了案例分析的教学模式,辩论式的教学方法也是能够提高学生学习积极性的有效方式。辩论式的教学核心在于通过对抗的方式激发学生的学习兴趣,由于金融风险模型种类较多,各有优劣,在实际运用中有多种方式,这就为课题开展辩论赛提供了比赛基础。教师可以将学生均等分为几组,然后设置辩论的主要题目。当然辩论赛的对抗形式不局限于双方对抗,也可以设置为多方博弈,这种模式能够提升学生的语言表达和思维逻辑能力,还能让学生深入了解到金融风险管理学科发展的多样性,熟练掌握各种模型的优劣,从而为将来的实际运用打下扎实的基础。

3. 问答与小组讨论结合式教学

在金融风险管理的教学课堂上,教师要根据实际上课的内容及时提出相关知识点的问题,比如风险度量方法的选择、风险类别的分析、风险治理的措施等,从而发散学生的思维。老师提出问题后可以选择学生竞选回答的方式或者小组讨论总结回答的方式,课题上提问的环节要与授课内容的难易程度相匹

配,从而提高学生学习的效率,并掌握金融风险知识体系的重点内容。

(二)强化实践授课模式

金融风险管理是一门应用性很强的课程,仅仅靠课题上的理论授课是不够的。为了培养应用型风险管理人才,应该加强金融风险管理的实践教学环节,丰富金融风险管理的实践授课模式。

1. 开展金融风险模拟实验室教学

我校开设了金融专业的数字化实验室,为了提高授课的实践教学效果,可以定期安排一些课程在金融实验室开展教学,尤其是一些风险模型需要计算机软件操作的内容,金融实验室的计算机设备运算较快,可以处理一些数据量大的操作案例。当然,授课老师也可以根据班级学生的情况,在平时课堂携带笔记本电脑,在投影屏幕上进行案例操作的示范,然后布置一些相关的操作题让学生在课堂即时操作,以提高学生的知识运用能力和软件操作水平。

2. 邀请业界专家来校举行讲座

虽然校外指导教师不能按时为学生开展实践经验的传授和分享,但学校仍然可以邀请业界专家通过线上结合线下的模式定期在学校开展讲座。此外,为了避免学生关注过少和信息不对称等问题,学校要通过官方网站发布、微信公众号推广、工作群通知的方式加大讲座的宣传力度,以保证学生能够及时了解到讲座的信息,从而积极参加定期的专家分享会,扩大学习的视野。在讲座上也可以开展学生与专家之间的交流互动,使学生的问题能够得到充分的解答,使学生了解金融风险管理在实践中的运用情况。

3. 与金融风险管理对口的金融机构建立合作关系

学校应该拓宽与相关金融机构的合作渠道,尤其是重视风险管理的银行、保险等金融机构,多建立一些合作关系,不仅能为学生提供更多的实践机会,也能让学生提前熟悉金融风险管理在职场领域的工作内容,提升学生的专业技能。

(三)合理安排教学课程

普通高等学校对于教师的考核评级方式应该转变,不应该只注重于教师的科研成果,而应该进一步提升教学质量的评级标准,从而让高校教师注重课堂教育的本质。在安排金融风险管理的课时和授课时间时,要考虑到学生是否已经掌握了前期所需的基础学科,并根据学生的水平安排合理的课时,保障学生有效吸收金融风险管理的知识。教师在选择授课教材的时候,要注重基础知识和应用性较强的教材,并紧跟金融风险研究的前沿,及时为学生补充新的知识点,定期安排章节考核,根据学生的知识接受情况对后面的授课做进一步的调整。

(四)优化课程评价考核方式

对于金融风险管理这门课的期末考试,不应局限于平时考勤和期末考核的方式。平时考核应该采用多种方式结合的形式。比如在实践课堂,根据学生的实际操作和完成效率打分;在案例分析和小组讨论的环节,根据不同学生的表现给予合理的成绩,并要增加期中考核,在课程学习的中期调查学生的学习情况。期末考核不应仅局限于笔试考核的方式,可设置案例分析或辩论赛,以对抗形式让学生充分发挥自己所学的知识,通过现场比拼的形式给出期末成绩,形成立体式、多样化的课程评价方式,真实反映学生对这门课程的学习情况。

总之,对金融风险管理课程教育改革和探索应当是无止境的,本文所提到的教学改革方法主要针对目前高等院校及本校普遍存在的问题,为了促进教学质量的提高,培养出更多的应用型风险管理人才,新的教学方式需要各位老师付出更多的辛苦奉献。

参考文献:

[1]李雪桐.国标视角下基于 VaR 理论的《金融风险管理》课程体系改革探索[J].知识经济,2020(19):147-149.

[2]李雅丽,徐淑娟,陈秀荣.高校"金融风险管理"课程教学改革与实施:以应用型本科为例[J].厦门广播电视大学学报,2021,24(2):85-91,96.

[3]李彦.PBL 教学模式在金融风险管理课程的改革与实践[J].教育观察,2019,8(28):102-103,121.

[4]林欣.整合思维视角下应用型本科高校课程教学模式改革研究:以《金融风险管理》为例[J].金融理论与教学,2019(4):80-84.

[5]朱淑珍,顾艳辉.基于三维综合评价体系的《金融风险管理》课程教学改革设计[J].教育教学论坛,2019(12):132-135.

[6]占晶晶.应用型大学"金融风险管理"课程建设[J].人才资源开发,2015(10):242.

[7]曾晓华,袁持平.基于 CDIO 教学理念的金融风险管理课程教学改革[J].湖北开放职业学院学报,2020,33(1):134-135.

[8]郑倩昀.《金融风险管理》课程改革探究[J].湖北开放职业学院学报,2019,32(24):150-151,154.

国际金融学课程重构与思政融入模式讨论①

陈奉先

摘 要:本文在分析国际金融学课程现存四方面问题的基础上,从课程内容、教学模式以及立体化教材三个层面对国际金融学课程体系进行重构,探索"经典理论+前沿动态+中国案例+思政内容"的全新课程体系。最后以国际金融学十部分教学内容为例,提供了思政元素与思政内容融合的参考范式。

关键词:国际金融学,课程重构,思政融入

一、现行课程教学过程中存在的问题

(一)学生"三率"较低

深入课堂不难发现,大学生听课现状普遍表现为被动听课状态,沉默式课堂占据当前主流。课堂教学作为授课的主阵地、主渠道、主战场,衡量其课程教学效果的一个重要标志就是大学生的"到课率、抬头率和点头率"(简称"三率")(杜新安,2011)。随着高等教育的逐渐普及,大学生的"三率"越来越受到关注和重视。"三率"不高的产生原因在于:①学校管理不严格,学生到课率得不到保证;②课程内容集中于理论灌输,师生互动交流少,学生课堂抬头率不高;③课程实践性不强,学生较少参与相关的实践活动,缺少对专业知识体系的深入理解,学生点头率低。综上,长期以来普遍且严重存在的"三率"较低的现象已成为提高课程教学质量,完成教学任务的拦路虎。

① 基金项目资助:2022年度首都经济贸易大学教育教学改革项目——根植中国国情,融入思政元素:国际金融学课程体系重构的实践与探索。

作者简介:陈奉先,首都经济贸易大学金融学院副教授、博士生导师,副院长。长期从事国际金融领域教学科研工作,承担国家社会科学基金、北京市社会科学基金等纵向课题多项,在《国际金融研究》《经济理论与经济管理》等刊物发表论文20余篇。2018年入选北京市教委青年拔尖人才项目。

(二)"两性一度"不够

在推进全面振兴本科教育的良好态势下,教育部提出了以"两性一度",即高阶性、创新性、挑战度为标准的"金课"建设目标,着力推进一流课程建设(汤晓蒙等,2020)。然而,目前学校国际金融学课程整体上存在教学目标单一、课程理论性强、学生理解困难等现象,具体表现在:第一,教学内容以课本为主,不能跟随全球金融经济的发展及时更新教学内容;第二,教学方法及手段单一,难以根据课程具体内容适时调整教学方法及手段;第三,课程讲解缺乏灵活性和创新性,无法全面支撑理论教学;第四,由于学生数量及课时等原因,教学过程及课程考核往往采取"一刀切"模式,不能根据学生的自身特点实现因材施教、个性化考核。

为了适应当前高等教育改革和发展形势,按照"两性一度"标准,积极推进作为金融学专业核心课程的国际金融学课程建设与教学改革,已经成为高校和社会各界高度关注的重要课题。

(三)中国案例匮乏

深入分析我国高校国际金融学课程体系,不难发现目前国际金融学课程和相关教材大多注重传承西方经典理论,而缺少对中国实际案例的应用和分析。以克鲁格曼的《国际经济学》、丹尼尔斯的《国际金融学》教材为例,它们是将前沿金融与开放宏观经济学密切结合的教科书,能够为学生提供扎实的经济学理论框架基础,同时又可以紧密联系前沿金融领域的重要发展,但忽略了中国案例应用,缺少对中国国情的分析。尽管这些教材是目前较为畅销的教科书,但都忽视了从中国视角去理解国际金融,课程内容缺少"中国特色"。

(四)思政融入不足

纵观我国高等院校的课程思政建设效果,可以看出当前课程思政建设普遍存在形式单一、方式单调、思政元素融入不足、思政教育效果不强等问题。事实上,课程思政不是简单的教学内容改革,而是包括思政元素挖掘、教学内容和资源建设、教学方法设计、师资培训等一系列要素的完整育人体系。

因此,教师在高等教育中应引导学生正确认识世界和中国的发展趋势,认识和把握人类社会发展和中国特色社会主义的历史必然性,深入挖掘国际金融学课程和教学方式中蕴含的思政元素,有机融入课堂教学,在潜移默化中坚定学生的理想信念,帮助学生树立为共产主义远大理想和中国特色社会主义共同理想而奋斗的信念和信心,厚植爱国主义情怀,达到润物细无声的育人效果。

二、国际金融学课程重构思路

(一)总体框架

本文以国际金融学课程体系为研究对象,首先从党的十八大以来全国高校思想政治工作会议、全国教育大会精神以及"立德树人"的根本任务入手,剖析了我校国际金融学课程体系现存缺乏中国案例分析、缺少思政教育结合等不足之处,继而从课程内容、教学模式以及立体化教材三个层面对国际金融学课程体系重构进行了探索。

(二)主要目标

国际金融课程重构的主要目标是,在根植中国国情并融入思政元素的基础上,实现国际金融学课程体系的重新构建,继而使学生在收获专业知识的同时,又能够提升民族自豪感,坚定中国特色社会主义道路自信、理论自信、制度自信、文化自信。同时,将红色基因、课程思政元素融入课程建设之中,重构现有的国际金融学课程体系,形成"经典理论+前沿动态+中国案例+思政内容"的全新课程体系。具体改造框架如图 1 所示。

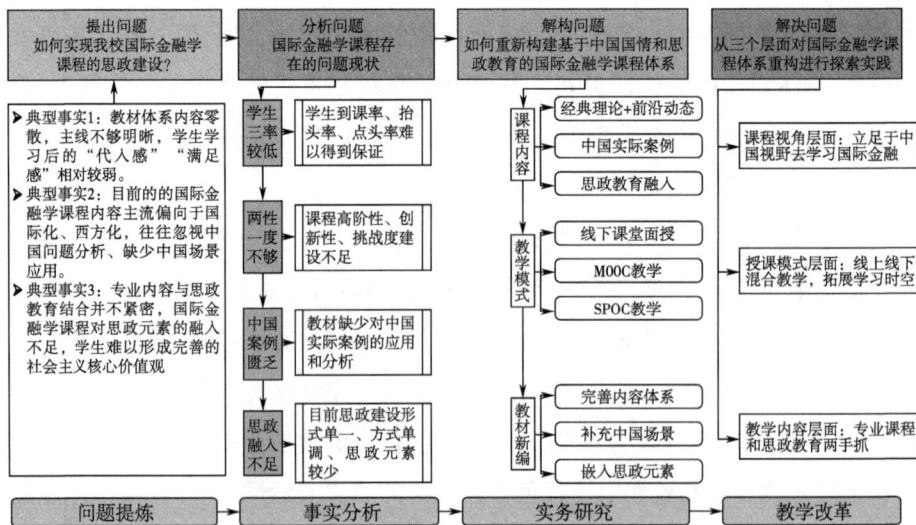

图1 改造框架

（三）建设内容

1. 课程内容重构

本课题旨在重构"前沿理论+中国案例+思政教育"三位一体的国际金融学课程新体系,课程内容具体构建如下:

（1）理论前沿为课程基础。探索科学问题永远是学科和专业建设的源动力和发动机。因此重新构建的国际金融学课程体系仍坚持探索前沿理论规律,关注国际金融协调的重大问题。以经典理论和前沿动态为基础,课程上突出理论教学,引导学生用基础理论分析国际金融现象,同时鼓励学生积极参与到教师主持的国家社科、自科基金项目之中,不断培养学生深度分析、大胆质疑、勇于创新的精神和能力。

（2）中国案例为课程辅助。现有的国际金融课程和相关教材主要着眼于国际视角,其相关的知识体系与中国国情适应度不高,缺乏接地气的中国案例分析和中国场景应用。因此,在全新的国际金融课程体系中,我们致力于大幅补充中国场景的国际金融问题,在突出国际视野同时,丰富中国的国际金融场景。强调中国国情以及国际金融原理在不同环境、不同条件下的具体应用,引导学生思考中国实际问题,帮助学生将国际金融理论与中国实际相结合,从而解决以往国际金融过于注重国际,不能及时吸收中国内容的问题。

（3）思政教育为课程升华。党的十八大以来,学校坚持以习近平新时代中国特色社会主义思想为指导,深入学习贯彻习近平总书记关于教育的重要论述,全面贯彻落实全国高校思想政治工作会议和全国教育大会精神,认真落实立德树人根本任务。因此,在理论前沿和中国国情的基础上,课程内容还应抓好思政建设,实现专业教育与思政教育相融合,将"立德"和"树人"有效结合,拓展专业教育的深度,从而帮助学生在掌握专业知识技能的同时,还能引导学生正确认识中国特色,帮助学生认识中国特色社会主义市场经济在国际金融领域的成功,并坚定学生的"四个自信",从提升专业自豪感到提升民族自豪感,将学生培养成德技双馨的复合财经类人才。

2. 教学模式重构

信息技术的发展推动了教育改革的进程,创新教学模式已成为国家教育体制改革的重要助推力。为树立课程建设新理念,推动课程结构、课程内容和教学方式方法改革,全国掀起了打造"金课"的热潮(黄蓉,2021)。线上线下混合式课程作为五大"金课"之一,在推动信息技术与教育教学深度融合、推动课堂革命、提升教学质量方面具有重要作用。

因此,我们致力于打造以 MOOC、SPOC 等线上教学与线下面授有机结合的教学模式,运用适当的数字化教学工具,开展翻转课堂、混合式教学,创新教学方法和技术,通过线上线下混合式课程设计,拓展学习时空,解决学生课上听课,但课下学习不连续的问题,提升学习效果。具体线上教学模式如下:

(1)慕课(MOOC)教学。MOOC 作为"互联网+教育"催生的一种新课,是有生命力、有前途、有未来的课,也是有可能通过网络改变教育的课,慕课的应用对于教育方式的转变具有重要现实意义(吴岩,2018)。一方面,慕课平台无门槛、低成本的教学方式打破了时空限制,弹性的学习方式让学生体验到了线上学习的便利。另一方面,慕课能够实现教育资料的共享,在慕课的平台上,学生可以享受到各类高质量教学资源,体会到各名师名家教学,很大程度上促进教育资源的共享开放。

(2)专属在线课程(SPOC)教学。SPOC 作为"校本化"学习平台,将在线课程资源与课堂教学更好融合,教师借助慕课堂能随时在手机上开展随堂测试、随机点名、课堂问卷,布置作业等活动活动,并能够提供大数据统计,统计学生学习和答题情况。相较于慕课的传统功能,SPOC 提供了"在线同步"相关支持,它强化了学生的参与感,加强了师生在某些时间段上的同步交流,更有效的关注了被授课的学生群体。

(三)立体化教材建设

综合来看,目前国际金融学课程应用的教材普遍存在一些问题:

一是教学内容上偏重传统国际金融理论,忽视"货币国际化""资本流动冲击""汇率风险管理""跨国资产配置"等前沿内容,教学内容缺少"时代感"。

二是在知识体系上,教材围绕国际收支及汇率展开,但缺少"中国场景"的引入和"中国现实"分析,学生学习过程中缺少"代入感"。

三是教材框架宏大但内容松散,缺少明晰线条,更缺乏问题导向型的框架设计,学生学完后缺乏"获得感"。

四是教材内容基本以专业知识为主,缺少对中国国情和思政元素的融入,专业课程和思政教育未能有效融合,学生学习后缺少"自豪感"。

针对目前的国际金融学相关教材存在课程体系零散、忽视中国国情、思政元素融入较少等不足之处,我们着眼于加强教材建设,进行基于中国视野的国际金融学教材的编写和修订工作。教材编写、修订不仅紧跟国际学术前沿和时代发展步伐,同时根植中国国情、彰显中国特色,引起学生的共鸣,提升学生的代入感、获得感以及民族自豪感。

三、国际金融学课程思政融入框架

(一)汇率基础理论

中心思想:汇率制度选择根据自身情况,服务于经济发展需求,并且因时因势调整。

自新中国成立以来,人民币汇率共经历了五次重大改革,在我国经济发展和对外开放过程中发挥了重要作用(丁志杰等,2018)。五轮汇率制度改革分别为官方单一汇率制(1949—1980 年)、官方汇率和市场汇率并行的双轨汇率制(1981—1994 年)、以市场为基础的钉住美元的有管理的浮动汇率制(1994—2005 年)、以市场为基础的钉住一篮子货币的有管理的浮动汇率制(2005—2015 年),以及"8·11"汇改中完善人民币兑美元汇率中间价报价机制(2015 年至今)。详见图 2。

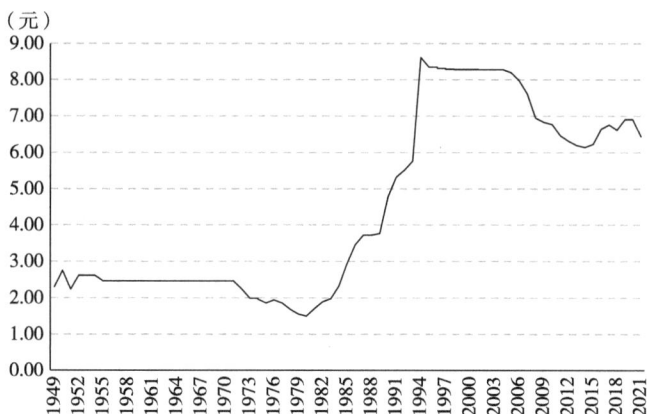

图 2 1949—2021 年人民币对美元汇率

新中国成立初期，我国逐步进入有计划的社会主义建设时期，也逐渐建立起大一统的外贸和外汇体制，此时人民币实行单一的固定汇率体制。1955 年我国进行币制改革，随着新版人民币的发行，我国汇率制度开始实行单一的且钉住美元的固定汇率体制，并持续至 20 世纪 70 年代初。自 1973 年布雷顿森林体系崩溃后，人民币改按一篮子货币计算的浮动汇率制度。这一时期我国对外推行人民币计价结算，基于保值目的人民币定价稍高。1979 年外贸体制改革启动，人民币汇率高估导致企业出口积极性不高，财政补贴压力加大，外汇短缺状况进一步加剧。至此，双重官方汇率应运而生。

自 1981 起人民币开始实行官方汇率与贸易结算汇率双轨并行制度，贸易内部结算价充分发挥了汇率的调节作用，提高了企业出口创汇的积极性，外汇储备逐渐积累，我国开启了以出口和利用外资为主的对外开放模式，这对于推动我国走向世界舞台参与国际竞争起到了决定性作用。然而，由于贸易内部结算价始终未变，我国出现了较为严重的通货膨胀，外汇储备下降。因此，1985 年后我国又形成了官方汇率和外汇调剂汇率并存的新的双重汇率制度。外汇调剂汇率为官方汇率调整提供了参照系，同时缓解了官方汇率高估产生的扭曲，改善了国际收支状况。

随着党的十四届三中全会提出建立社会主义市场经济体制以来，我国外汇管理体制再次进行改革。自 1994 年开始实行以市场供求为基础、单一的且有管理的浮动汇率制度。此次汇率并轨彻底解决了人民币汇率高估难题，同时银行间外汇市场的建立，也为我国走向世界经济奠定了坚实的基础。特别是亚洲金融危机爆发后，我国坚持人民币不贬值的政策，在其他国家货币不断走弱的情况下，人民币成为发展中国家中为数不多的强势货币，这对当时稳定亚洲经济金融起到了重要作用，也为我国赢得了广泛的国际赞誉。

中国自 2001 年加入世界贸易组织（WTO）之后，对外贸易顺差迅速扩大，外汇储备猛增。2005 年，鉴于国际舆论环境以及缓解我国国际收支失衡压力的需要，人民币开始实行以市场供求为基础、参考一篮子货币进行调节、有管理的浮动汇率制，此次汇率改革成功实现了人民币汇率稳中有升和有序调整。

2013 年党的十八届三中全会提出了全面深化改革的目标。在人民币国际化快速发展,特别是人民币行将加入特别提款权(SDR)之际,为了增强中间价市场化程度和基准性,2015 年 8 月 11 日再次进行汇率改革,完善了人民币兑美元汇率中间价报价机制。至此,人民币汇率市场化形成机制得到了进一步完善。2017 年,央行将"逆周期因子"引入人民币兑美元中间价的报价模型中,形成"收盘价+一篮子货币变化+逆周期因子"的报价形成机制。2018 年初央行宣布暂停逆周期因子,但随着中美贸易摩擦不断升级以及美联储加息,为维持汇率稳定,央行宣布重启逆周期因子。近年来,随着新兴市场国家崛起,贸易投资保护主义抬头,国际经济关系错综复杂,新形势带来了新挑战,人民币汇率改革还在路上。

(二)国际收支理论

中心思想:中国国际收支状况与经济结构转型密切相连;同时受外生制度变迁如"入市""贸易摩擦"影响越来越大。

总体来看,我国国际收支结构变化可大致划分为三个阶段(陈卫东等,2019)。第一阶段为 1982—1993 年的相对平衡阶段,我国国际收支中经常账户与非储备性质的金融账户为顺逆差交错搭配的格局,国际收支结构整体相对平衡。如图 2、图 3 所示,自改革开放以来,中国逐渐放开对外贸易,允许外资进入中国,故 1982—1984 年经常账户表现为顺差,非储备性金融账户表现为逆差。但由于当时我国经济基础落后,经济发展刚刚处于起步阶段,缺少公平竞争环境,需引进国外资金以及先进技术来发展本国经济,因此在 1985—1989 年经常账户为逆差,非储备性金融账户为顺差,我国处于新兴的债务国阶段。截至1993 年,我国进入经济调整期,伴随着市场经济体制的建立,国际收支结构也更符合成熟债务国的基本特征。详见图 3、图 4。

第二阶段为 1994—2013 年的"双顺差"阶段。如图 4 所示,除少数年份外,我国经常账户和非储备性质金融账户长期维持着"双顺差"状态,且规模逐渐扩大。1994 年的外汇管理体制改革吸引了大量外资流入中国,使得 1994—1996年非储备性质金融账户的顺差额迅速增加,且超过了经常账户的顺差额。随后,人民币实现了可自由兑换,对外贸易门槛降低,经常账户顺差额也不断扩大。自 2001 年中国加入 WTO 以来,资本流入激增,外贸高速增长,国际收支结

（亿美元）

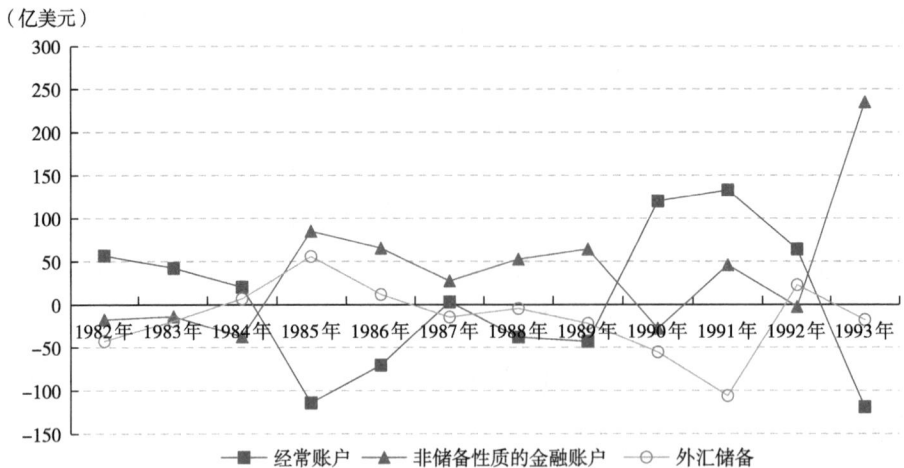

图 3　1982—1993 年中国国际收支变化

数据来源：国家外汇管理局

（亿美元）

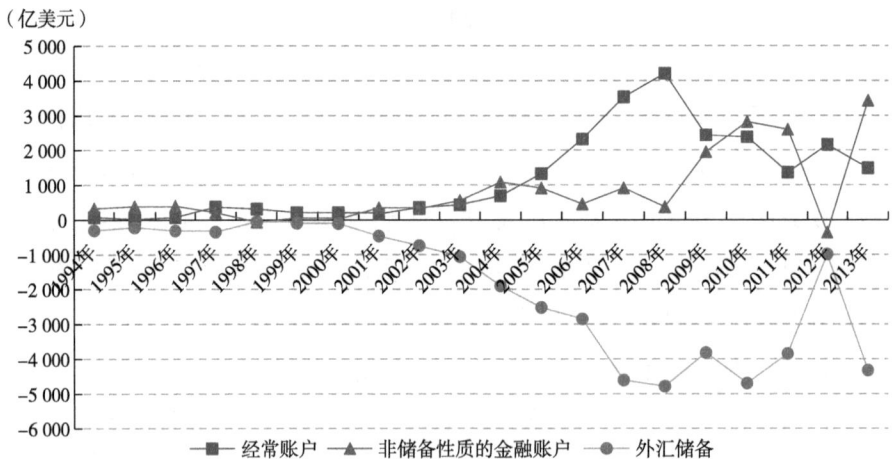

图 4　1994—2013 年中国国际收支变化

数据来源：国家外汇管理局

构的"双顺差"规模进一步扩大，增强了我国的综合国力。截至 2008 年，经常账户顺差额高达 4 206 亿美元。然而，在全球金融危机的影响下，世界经济疲弱，全球贸易放缓，出口导向型模式拖累经济成长，资本流出态势明显，中国经常账户顺差额呈下降趋势。同时，金融危机后美国的量化宽松政策引致大量热钱流入中国,非储备性质金融账户顺差额逐渐上升。详见图5、图6。

（亿美元）

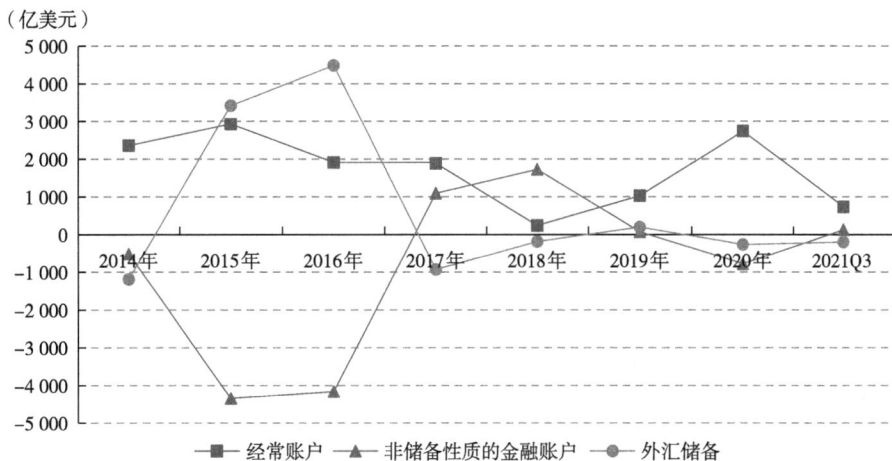

图5　2014年至2021年中国国际收支变化

数据来源:国家外汇管理局

（亿美元）

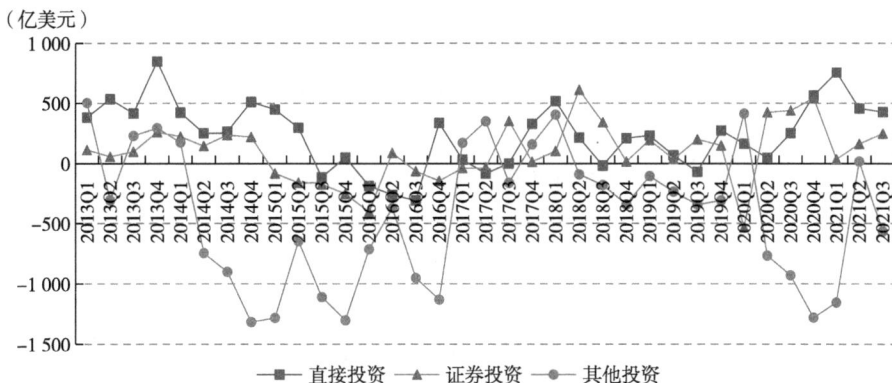

图6　2013年至2021年中国非储备性质金融账户变化

数据来源:国家外汇管理局

第三阶段为2014年以后的国际收支顺逆差交替阶段。如图5所示,2014年至2016年,非储备性质金融账户表现为逆差,这主要是由于短期资本的流动加剧。其中,资本流出既包括外资撤离,也包括内资外流。如图6所示,细看非储备性质金融账户的结构,不难发现,直接投资、证券投资和其他投资在2014

年以后均呈现出逐步下降最终转为逆差的特征。随后,央行加强资本外流的管制,同时引入逆周期因子以消除人民币兑美元的贬值预期,使得 2017 年至今非储备性质金融账户基本呈现顺差。同时,除个别季度外,我国直接投资也由逆差转为顺差状态,这从侧面说明随着我国的改革深化,对外开放程度加大,外资来华意愿增强。详见图 7。

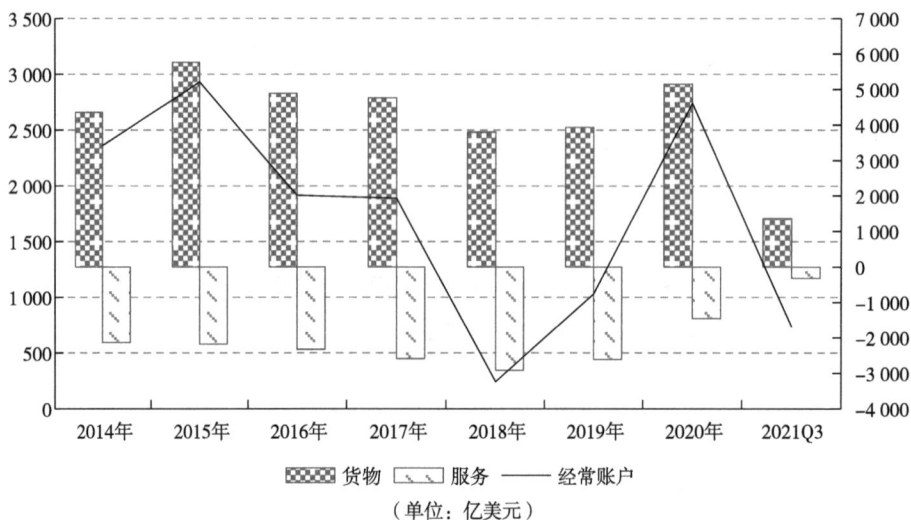

（单位：亿美元）

图 7　2014 年至 2021 年中国经常账户变化

数据来源：国家外汇管理局

此外,由图 7 可知,2014 年至 2018 年我国经常账户呈现顺差收窄的趋势。这主要是由于货物和服务项下货物项目顺差逐渐收窄,服务项目逆差逐渐扩大导致。一方面,自美国推行贸易保护主义以来,我国的出口贸易受到了严重影响。另一方面,国内加工贸易产业逐渐上升的生产成本降低了传统的竞争优势,加剧了产业转移,出口导向型模式难以为继,货物贸易额减小。而近几年,我国国民出国留学、旅行等项目支出急剧上升,导致服务贸易逆差大幅扩大,这也反映了我国经济的快速发展以及国民生活质量的提高。

（三）内外政策搭配

中心思想：内外均衡政策内部均衡居于首位,经济增长事关全局；财政政策短期效果优于货币政策,但其挤出效应需配合货币政策予以消除;汇率政策着力于外部均衡。

2018 年以来,中美贸易摩擦在持续的互征报复性关税过程中逐渐升级。与此同时,伴随着 2019 年新冠肺炎疫情的暴发,我国宏观经济环境面临着不断下行的压力,在居民消费、固定资产投资和国际贸易等方面都受到了不同程度的影响。在疫情冲击下,外贸需求的降低以及国际大宗商品价格波动均对我国实体经济产生了严重影响。因此,面对新冠肺炎疫情的冲击以及严峻复杂的国内外环境,为了实现经济回归长期均衡状态,我国应该选择怎样的财政货币政策组合? 是保增长还是防通胀? 是稳汇率还是稳货币? 这些是后疫情时代我国面临的重要问题。

首先,在财政政策方面,应以统筹推进经济社会发展为目标,发挥财政政策逆周期调节功能,在做好"六稳"、落实"六保"工作上发挥更大作用(汪晓文等,2020),具体表现在:①定向精准施策,持续出台有针对性的抗疫情税费减免政策,降低企业成本,稳住就业基本盘;②扩大消费性财政支出,并增加政府购买,保障社会有效需求,畅通国内经济大循环;③适当提高专项债比例,发挥基建托底经济增长的作用,同时适度增加中央预算内投资和地方专项债规模,用政策杠杆创造新增需求;④增大统筹力度,优化财政支出结构,强化预算绩效管理,提高存量财政资金的使用效率。

其次,在货币政策方面,面对中美贸易摩擦以及全球疫情冲击,为了实现人民币币值内外均衡稳定的目标,我国货币政策选择应从以下几个方面着手:①在中美贸易摩擦背景下,为了有效促进国内经济增长,可将出口品关税纳入利率规则,与关税反制措施搭配,以此显著带动产出和消费扩张,从而实现长期福利水平的提升;②应增强货币政策有效性与独立性,通过将货币发行机制转向为以债券利率为锚的主动型调控模式,使货币政策逐渐由数量型转向为价格型,有效降低实体经济融资成本,从而增强金融服务实体经济的能力;③货币政策应更加灵活,针对受疫情影响冲击较大的部门制定差异化的信贷支持政策,而对于支持小微企业复工复产的民营银行,则可以选择差异化的存款准备金率等特殊支持政策,通过"精准发力"来实现"保增长"目标。

此外,在汇率政策方面,鉴于新冠肺炎疫情冲击导致外国需求下降,同时央行以外汇占款增量增加的基础货币供给逐渐减少,在此宏观经济环境下,为了实现"稳汇率"的目标,政策制定者应降低对外汇储备的依赖,逐渐扩大人民币汇率双向浮动区间,有效运用多种传统汇率政策调节工具来增强央行调控主动性,通过鼓励"藏汇于民"以及加强外汇市场预期管理等相应政策工具协调管理货币供给流动性。

综合上述分析,面对新冠肺炎疫情冲击、中美贸易摩擦以及经济下行压力,我国应合理搭配财政政策、货币政策以及汇率政策,改善我国宏观经济环境,提高经济发展,不断增强我国的综合实力,努力提高中国国际话语权。

(四)人民币国际化

中心思想:货币国际化是国际格局变革和人类社会发展的必然要求;货币国际化带来铸币税收入、政治权力、国际格局;大国崛起必然伴随着强势货币和货币国际化;中国经济增长为人民币国际化奠定物质基础,策略上应"强基础"推动结算应用,"广布网"扩大朋友圈。

自2009年跨境贸易结算试点以来,人民币国际化历经十几年发展,市场化程度不断加深,国际认可度逐步提升,人民币国际化取得了重大发展成就。

人民币国际化总体上可以分为四个阶段(陈卫东和赵雪情,2020)。第一阶段为2009—2012年,在此阶段人民币国际化从无到有,跨境贸易人民币计价结算从试点省市扩展到全国范围,从试点东南亚地区扩展到全球,跨境政策逐步放开,同时,跨境投资和金融交易活动逐渐开始试点,中国贸易以及直接投资的增长实力集中爆发。第二阶段为2013—2015年三季度,资本金融项下屡有突破,境内银行间债券市场、银行间外汇市场向境外央行类机构完全开放,资本项目外汇管理进一步简化,人民币资本项目可兑换工作稳步推进,人民币国际化在单边升值预期下大步猛进。2015年8月,央行完善了人民币兑美元汇率中间价报价机制,人民币汇率预期总体平稳。第三阶段为2015年四季度至2017年。在此期间,人民币跨境结算规模持续上升,全口径跨境融资宏观审慎管理政策进一步完善,中国与周边国家货币合作稳步推进。随着2017年人民币原油期货交易推出,大宗商品人民币计价功能取得了突破进展。此外,境外主体在境内金融市场参与度显著提高,特别是债券通的推出,进一步促进了中国境内金融市场的双向开放。

第四阶段为 2018 年至今,在市场驱动为主、政策辅助搭台下,人民币国际使用企稳回升,市场情绪与信心显著修复。人民币国际化指数 RII 从 0. 02 上升至 2020 年的 5. 02,经历了快速攀高、遇阻急落,企稳回升再到又创新高的曲折过程(见《人民币国际化报告 2021》)。目前人民币已经稳定地跻身于主要国际货币行列,截至 2020 年人民币国际化取得的主要成果如下:①人民币国际贸易计价结算职能持续巩固,经常项目下跨境贸易人民币结算金额达到 26. 77 万亿元,同比增长 12. 09%;②人民币金融交易职能显著增强,中国兼顾金融开放与风险控制,形成了沪港通、深港通、债券通、沪伦通、直接入市投资、基金互认、黄金国际版等投资交易通道,在全球直接投资持续低迷之际,人民币直接投资规模达到 3. 81 万亿元,同比增长 37. 05%;③人民币在特别提款权(SDR)中的相对份额为 10. 83%,同时已有 70 多家境外央行类机构进入我国银行间债券市场,超过 75 个国家和地区的货币当局将人民币纳入外汇储备,全球官方外汇储备中的人民币资产份额达到 2. 25%,同比增长了 14. 80%,人民币国际储备职能进一步显现;④基础设施建设快速跟进,全球人民币清算网络基本形成,人民币成为国际支付交易的重要货币。

总之,十多年来,人民币国际化取得了稳步发展,尤其是面对突如其来的疫情冲击和越发严峻的外部环境,中国不仅疫情防控阻击战取得重大战略成果,而且适应疫情常态化统筹推进经济社会发展成效显著,成为全球唯一实现正增长的主要经济体。这不仅是我国经济实力崛起以及世界格局变迁的集中体现,同时也是市场主导和政策推动下综合作用的结果。在当前"一超多元"的国际货币格局下,人民币想要打破国际市场对美元、欧元的使用惯性、路径依赖,获得广泛使用的网络效应,最终实现与中国经济和贸易地位相匹配的货币地位,必然要经历一个漫长而曲折的历史进程。目前来看,加快形成"以国内大循环为主体、国内国际双循环相互促进"的新发展格局,是中国经济把握新发展阶段、贯彻新发展理念、实现高质量发展的重要战略规划,此举也必将全方位地增强人民币硬实力与软实力。同时,中国展现给世界的这种大国担当以及平等开放姿态,也势必会赢得全球社会广泛的支持及认同,为人民币国际化再上新台阶创造重大历史机遇。

(五)国际资本流动管理

中心思想:国际资本流动兼具利弊;极端资本流动具有显著破坏性;应对关键在于"防患未然",使用宏观审慎政策、外汇干预政策、资本管制政策进行缓冲。

自 1994 年汇率并轨以来,中国共经历了六次资本流动冲击(管涛和殷高峰,2022)。第一次资本流动冲击为 1998 年亚洲金融危机。在多数亚洲货币均大幅贬值的情况下,中国政府向国际社会承诺人民币不贬值,并采取了积极的财政政策和货币政策以扩大内需。同时,中国加强外汇管理,督促企业外汇收入调回境内,打击出口逃汇、骗汇,并进一步严格资本项目用汇管理,限制购汇提前偿还外债和对外直接投资。最终中国成功实现了汇率稳定、储备增加的目标。2001 年以后,随着美联储大举降息,中国重现资本回流、汇率升值。这不仅维护了中国经济金融稳定,还阻止了危机向亚洲乃至全世界进一步传播,体现了中国负责任大国的风范,提高了人民币的国际声誉。

第二次资本流动冲击发生在 2008 年的全球金融危机期间,中国出现了暂时的资本外流现象。为应对金融危机,政府出台了刺激经济的"4 万亿"一揽子投资计划。同时,为防范跨境资本流动冲击,中国外汇管理部门拟定了应对资本异常流出的预案,中国于 2009 年二季度起重现资本回流、汇率升值。

第三次资本流动冲击为 2011—2012 年的欧美主权债务危机。2011 年随着美国主权信用评级下调以及欧债危机进一步蔓延,市场避险情绪加剧,中国资本大量流出。外汇管理部门认为此次冲击只是暂时的,冲击过后市场将重归经济基本面,在此期间应抓住时机继续深化人民币汇率机制改革。2012 年 4 月,央行宣布扩大人民币汇率浮动区间,并对结售汇综合头寸进行限额管理,汇改取得了良好成效。

第四次资本流动冲击为 2015—2016 年美联储货币政策正常化。2015 年,央行调整了人民币兑美元汇率中间价报价机制,但随着美联储逐步退出量化宽松并酝酿加息,美元指数快速上涨,人民币面临严重的贬值压力。在本轮资本流动冲击中,中国采取"三管齐下"的政策措施:首先增加人民币汇率弹性,总体上坚持参考篮子货币调节,逐渐释放汇率失衡的市场压力;其次,抛售外汇储备,平抑外汇供不应求的缺口;最后,引入远期购汇外汇风险准备金制度、跨境融资宏观审慎系数、逆周期调节因子等宏观审慎措施,加强和改进资本外汇管理。最终中国成功渡过"8·11"汇改初期高强度的跨境资本流动冲击。

第五次资本流动冲击为 2018—2019 年中美贸易摩擦。在此期间,美国政府对中国发起了三轮加征进口关税的措施,并限制美国资本投资中国上市公司,导致中国再次遭遇资本外流、货币贬值的压力。中国采取宏观审慎措施,于 2018 年 8 月先后提高外汇风险准备率、重启逆周期调节因子,缓解了人民币的进一步贬值以及资本外流压力。

第六次资本流动冲击为 2020 年新冠肺炎疫情的暴发。面对新冠肺炎疫情导致的资本大进大出冲击,中国政府维持了前期的宏观审慎管理,持续推进金融服务业开放,实现金融业外资机构准入负面清单基本清零,同时择机调整宏观审慎政策来应对人民币升值压力,进一步发挥了汇率对国际收支平衡和宏观经济稳定的自动稳定器作用。

(六)国际储备管理

中心思想:国际储备旨在防范贸易、资本流动冲击、稳定投资者信心,是中国常年对外贸易、吸引外资累积的结果;中国储备居全球首位,虽然存在收益率低等问题,但总体"弊大于利"。

外汇储备是我国重要的宏观经济变量,它既可以稳定本国货币的汇率,降低我国的国际收支赤字,还可以用于偿还国外债务,是衡量一个国家综合实力的重要指标之一。详见图 8。

图 8 绘制了我国 1982—2021 年外汇储备规模以及国际收支结构的变动趋势。由图 8 可知,在 1990 年之前,受限于我国的经济发展水平,对外开放程度不高,且对外汇储备的需求不足。因此,在此期间我国进出口总额规模较低,外汇资金短缺,外资流入匮乏,外汇储备规模相对不足。改革开放以来,中国对外开放程度逐渐提高,资本流入日渐增加,外汇储备规模得到了迅速扩张。同时伴随着 1994 年我国政府实施的外汇管理体制改革,汇率并轨制度对我国出口

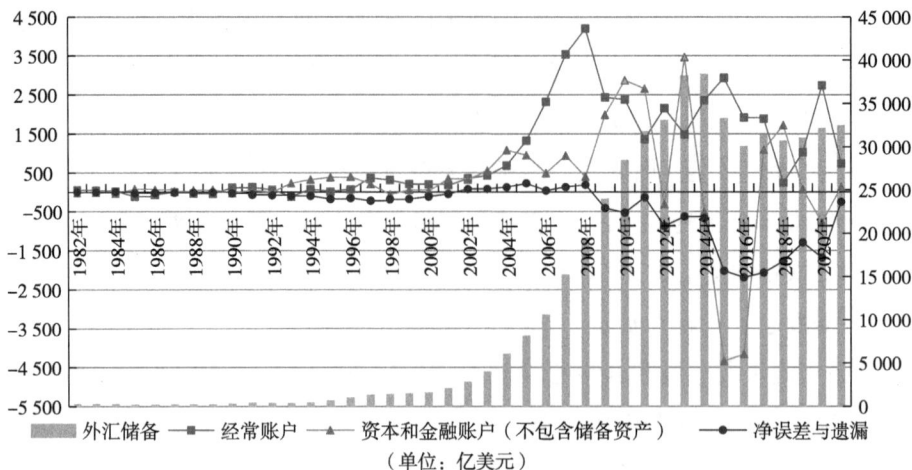

图 8　1982 年至 2021 年中国外汇储备规模及国际收支结构

数据来源:国家外汇管理局

产生重要影响,并导致了我国外汇储备规模的迅速增加。在此期间,资本和金融项目顺差大于经常项目顺差,外汇储备的增加主要来源于资本与金融账户。受亚洲金融危机的影响,1997—2000 年,资本与金融账户顺差额大幅降低,但经常账户顺差额未受明显影响,在此期间外汇储备的增加主要源于经常账户顺差。

自 2001 年加入世界贸易组织以来,中国国际地位不断提高,同时和其他国家之间的国际贸易往来日渐频繁,进出口额度急剧上升,实现了贸易顺差,我国外汇储备规模也进一步攀升。截至 2004 年,相较于经常账户对外汇储备的贡献,资本与金融项目额的贡献度略高一些。但随着我国对外贸易的增长,2005—2009 年经常项目顺差额增长幅度又超过了资本金融项目,其对我国外汇储备规模的贡献又逐渐上升。2010—2013 年我国经常账户顺差额持续收窄,资本与金融项目顺差额不断扩大,在此阶段外汇储备主要来源于资本与金融账户。截至 2014 年,我国外汇储备规模高达 3.84 万亿美元,达到了有史以来的峰值。但 2015 年开始储备规模逐渐下降,其间资本与金融项目呈现逆差,外汇储备规模主要来源于经常项目顺差额。

总之,充足的外汇储备对一国经济稳定具有重要的作用。一方面,增加外汇储备的持有量能够降低企业的融资成本,有助于国内企业的发展。同时,适度规模的外汇储备能够有效抵御金融风险,稳定我国的对外出口环境,为国家的经济发展创造良好的外部环境,保证本国的国际信誉。另一方面,过度的外汇储备则会提高资金的机会成本,导致一定程度的金融风险,不利于本国的经济发展。因此,探讨我国外汇储备规模变动的影响因素也变得尤为重要。

(七) 外汇市场交易与管理

中心思想:外汇管理从严到松,从"强制"结售汇到"意愿"结售汇,折射出中国出口竞争力、对外资吸引力的提升。

银行结售汇业务作为一个国家跨境活动活跃度的部分缩影,能够反映出一个国家的经济开放程度和经济发展活力。在我国实行改革开放以前,由于国家外汇收支较少,所有外汇收入均实行强制结汇制度,境内机构及个人均不允许保留外汇,用汇须按计划实行审批,其间外汇基本由国家调控。改革开放之后,随着外商直接投资的不断增加,贸易和非贸易外汇收支额均逐渐上升。对此,国家根据不同对象以及不同性质的外汇,实行差异化的结售汇制度(涂兰兰,2002)。对于中资企业的贸易,根据规定实行强制结汇,并按比例给予相应的外汇额度,且售汇也应持有对应金额的外汇额度;对于外商投资企业,则实行意愿结汇,其外汇收入既可卖出也可自愿保留;对于个人,则实行意愿结汇制,而售汇则从严掌握。

自1994年外汇体制改革以来,中国建立了全国统一的银行间外汇交易市场,不仅实现了人民币在经常项目下的可兑换,同时形成了以市场供求为基础、单一且有管理的浮动汇率机制。鉴于当时改革开放刚刚拉开序幕,我国正处于从计划经济体向市场经济体转型阶段,外汇储备规模严重不足。因此,在此背景下,为了积累充足的外汇储备,保持人民币汇率的长期稳定以防范风险,我国开始实行强制结售汇制度(胡敏和傅坤山,2008)。除国家允许开立的外汇账户准予保留外,企业和个人均不能自主保留外汇。根据规定,经常项目下的外汇收入均要全部卖给外汇指定银行,同时外汇指定银行要把高于国家外汇管理局批准头寸额度之外的外汇在市场上卖出。强制结售汇制度的实施,有力地保障了国家宏观经济的稳定。

然而,任何一项制度都有其特定的历史条件及背景。自加入世界贸易组织以来,我国涉外经济迅速发展,外汇储备规模不断扩大,国际收支的主要矛盾逐步由过去的外汇匮乏转为外汇储备增速过快,强制结售汇的弊端日益凸显。为了顺应形势变化,满足市场主体实际需求,2001 年开始我国改进了外汇账户开立以及限额管理,逐渐扩大了企业保留外汇的自主权。至 2006 年,根据规定,企业按照上年度经常项目外汇收入的 80%以及外汇支出的 50%之和核定外汇限额,企业可自主保留的外汇进一步提升。2007 年,我国取消了外汇账户的限额管理,企业可根据自身经营需要自主保留外汇。2009 年以后,为了进一步促进贸易投资的便利化,提升政策透明度,多个外汇管理规范性文件被宣布废止。截至 2012 年,强制结售汇政策正式退出历史舞台,我国实行意愿结售汇制度,企业与个人均可自主保留外汇收入。

综上所述,作为外汇严重短缺时代的制度安排,强制结售汇政策在支撑实体经济发展、维护国家金融安全方面发挥了重要作用。然而,随着国家经济的不断发展,政府适时调整并最终将强制结售汇改为意愿结售汇制度,深刻彰显了外汇管理与时俱进以及服务国家经济发展的理念和宗旨。

(八)国际投资与外债

中心思想:尽管中国是全球最大的债权国,但应该清楚地意识到中国对外资产收益率和负债成本率"倒挂"的问题;探索提高投资收益、降低融资成本是未来的研究重点。

随着全球一体化的不断加深,国际资本流动对于一国的经济发展逐渐发挥着越来越重要的作用。分析中国对外投资的效益现状、讨论如何提高资本的投资效益,进而实现国家财富的保值增值是备受关注的问题。

图 9 呈现了 2004—2021 年中国对外投资的收益率以及负债成本率变动情况。其中,GAP 代表中国对外投资收益率与负债成本率之差。由图 9 可知,自2004 年以来,中国对外投资收益率基本维持在 2%至 4%之间。2017 年,资产收益率达到最高值,为 3.72%。近年来,对外投资收益率呈下降趋势。截至 2021年第三季度,资产收益率已降至 2.33%。而中国对外投资负债成本率则在 3%至 7%区间内上下波动,2011 年高达 6.61%。自 2018 年以来,对外投资成本率

也呈下降趋势,2021 年第三季度降至 4.52%,仍远高于资产收益率。此外,通过 GAP 的变动趋势可知,2004 年至今,中国对外投资的负债成本率始终高于收益率。2011 年,二者之间的差额高达 3.93%。由此可知,目前我国对外投资存在效益低下、投资收益率偏低的问题。究其原因,可从我国对外资产以及负债的构成结构来讨论。

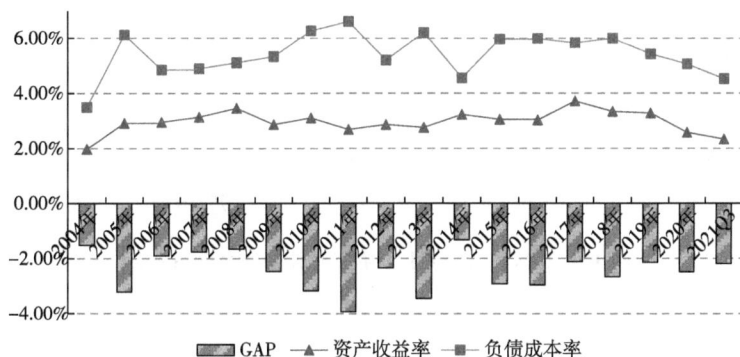

图 9　2004 年至 2021 年中国对外投资效益情况

数据来源:国家外汇管理局

图 9 绘制了 2004—2021 年中国对外资产的构成情况。由图 9 可知,首先,在中国对外资产中,储备资产所占比重始终保持最高,在我国的对外投资资产中占据支配地位。2009 年,储备资产占比达到最高值 71.01%后,开始呈现逐年下降趋势。截至 2021 年第三季度,我国储备资产占比降低至 37.24%,为 2004 年来的最低值。然而,这仍未改变储备资产在我国对外资产中的主导地位。其次,整体来看,我国对外直接投资和证券投资占比呈逐年攀升趋势。自 2013 年中国实施"一带一路"倡议以来,我国积极发展与其他沿线国家的关系,极大程度地促进了我国对外直接投资的发展。然而,相较于储备资产而言,我国对外直接投资的规模仍旧处于劣势地位,这也是导致我国对外投资收益率低下的直接原因。详见图 10、图 11。

图 11 绘制了 2004—2021 年中国对外负债的构成情况。由图 11 可知,在我国的对外负债中,外商来华直接投资一直处于高位。除个别年份外,外商直接

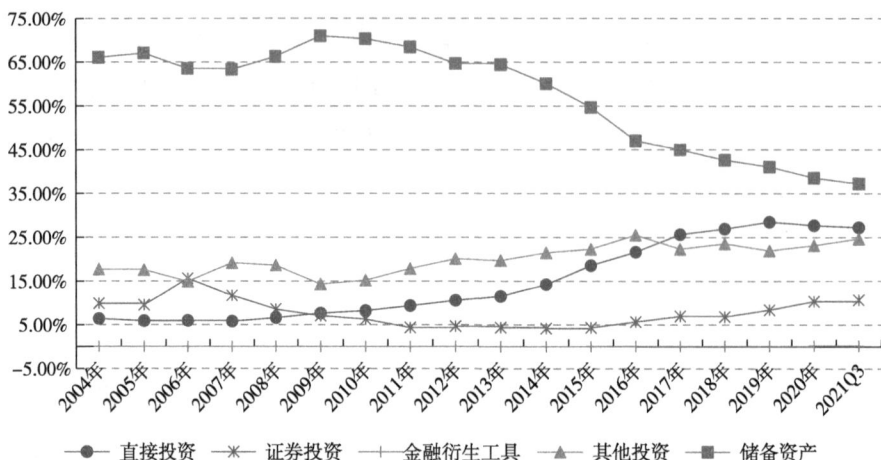

图 10　2004 年至 2021 年中国对外资产各部分占比

数据来源:国家外汇管理局

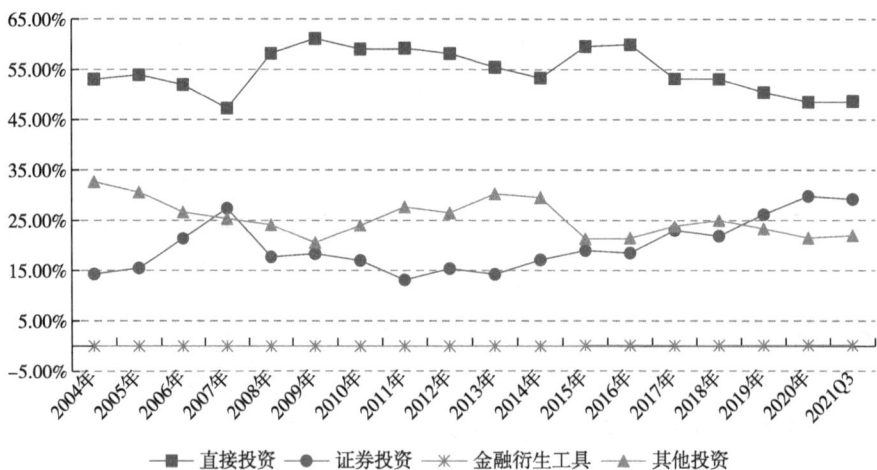

图 11　2004 年至 2021 年中国对外负债各部分占比

数据来源:国家外汇管理局

投资所占比重基本维持在 50% 以上。这主要是由于近年来我国经济飞速发展,企业经营前景乐观,吸引了部分外商来华投资。再加上我国对外商提供的各项优惠政策,吸引了一大批外国资本流入。但直接投资作为非常昂贵的引资方式,它在使得外国投资者获得高额投资回报的同时,也造成大量财富流出中国。这说明我国为吸引外资付出了很高的代价,在国际金融市场上较高的负债成本在一定程度上导致了我国对外投资效益的低下。

随着世界经济的快速发展,各国之间的贸易以及投资等经济往来日渐频繁,投资效益在一国对外开放中的重要性也日益凸显。作为世界上最大的发展中国家,我国对外开放程度不断加深,经常账户长期顺差,对外投资规模也逐渐扩大,因此更应关注对外投资的效益问题。探究如何提高中国对外投资收益率问题,对于我国在今后的对外投资有着非常重要的意义。

(九)资本账户开放

中心思想:中国经济增长离不开外资支持;外资一方面带来资金,更重要的是带来技术扩散效应。伴随"双循环"战略推进,纵然遭遇逆全球化,中国也将以更加开放的姿态推动全球化。

自 1978 年中国实行改革开放以来,我国逐步开始放宽在吸引以及利用外资上的管制,渐渐拉开了资本账户开放的序幕。1985 年,我国开始实行官方汇率和外汇调剂汇率并存的双重汇率制度。为吸引外资流入国内,我国在发行国际债券的同时,也为外商投资者提供了优惠政策。一方面,我国对资本项目中直接投资的管制实行重流出、轻流入的政策,即尽管我国放宽了对直接投资资本流入的限制,但对于资本流出我国仍旧实施严格的管制政策。另一方面,为了在引入外资带动国内经济发展的同时,又能够有效保护本国脆弱的金融市场,我国对证券投资以及金融信贷等投资也实行了较为严格的管制制度。

1994 年中国实现人民币汇率的并轨后,我国资本账户开放步入了全新的阶段。1996 年底,我国实现了经常项目下的可自由兑换,资本管制的重点由原本的审批外汇收支范围向审核实际交易的真实性转变,同时资本管制的方式也由直接审批向间接监督转变。此后,我国资本账户开放程度得到了快速提升。然而,1997 年亚洲金融危机的到来对我国资本账户开放进程的造成了严重影响。为了防范跨境资本流动导致的金融风险、维护国内经济发展的稳定,我国进一步加强了资本账户管制程度。亚洲金融危机过后,随着 2001 年中国加入世界贸易组织,中国与其他国家的贸易往来日益频繁,我国的资本账户开放进程又进入到新的阶段。2002 年中国启动了合格境外机构投资者(QFII)制度,为境内金融市场引入了新的投资主体。2003 年我国又出台了一系列放宽资本管制的政策,在吸引外资流入的同时,也鼓励资本"走出去"。继 QFII 制度之后,2006年中国又正式启动了合格境内机构投资者(QDII)制度,资本账户开放程度进一步提高。2010 年党的十七届五中全会将"逐渐实现资本项目可兑换"这一决议纳入"十二五"规划,推动了人民币国际化进程。2014 年和 2016 年,"沪港通""深港通"先后获批,极大程度地促进了我国同国际市场的接洽融合。

2016 年人民币正式加入 SDR,进一步推动了我国资本账户的开放。2017年"债券通"的开通不仅是我国债券市场开放的重要里程碑事件,同时也体现了我国资本账户纵深开放的新特征。2019 年,为了满足境外投资者对我国的投资需求,我国外汇管理局宣布取消了 QFII 制度,此举标志着我国证券资本流入的进一步开放,提高了我国金融市场的开放程度。

目前,我国的资本账户开放程度相较于改革开放初期有了明显提高,资本账户也形成了循序渐进的开放模式,能够稳中求进。党的十九大报告提出,中国对外开放的大门不会关闭,将会越开越大。因此,展望未来,我国资本账户开放将会再次迈上新台阶。

(十)国际金融合作与中国角色

中心思想:推行全球金融治理体系的"中国方案",提升中国的国际金融权力;从经济实力向金融权力,甚至更广义的全球治理能力和权力的转化,需要更长的周期、更多的制度建设、更合理有效的国际战略。

近年来,作为崛起中的新兴大国以及全球金融治理的重要参与方,中国在构建外部金融安全网、积极完善全球金融治理体系的进程中发挥着越来越重要的作用,其主要举措如下:

1. 签署清迈协议

1997 年的亚洲金融危机不仅使得亚洲经济陷入了一片混乱,而且还暴露了国际货币体系的弊端。危机之后,国际货币基金组织(IMF)较为迟缓的救援行动以及严格苛刻的救助条件,使得东亚国家充分认识到,建立本地区的金融合作机制、实现亚洲货币一体化方为真正的良策。2000 年 5 月,东盟十国以及中、日、韩三国财长在清迈签订了建立区域性货币互换网络协议,即《清迈协议》。该协议扩充了东盟互换协议(ASA),增大了东盟原本互换机制的资金规模,同时还在"10+3"区域内构建了双边货币互换和回购网(BSA),解决了成员国资金的短期流动性问题。

《清迈协议》的签订是东亚货币金融合作中取得的标志性成果,签署后得到了东亚各国的快速响应。截至 2003 年,东盟十国以及中、日、韩总共签署了 16 个双边互换协议,对于防范金融危机、推动亚洲金融合作而言具有里程碑式的意义(何帆等,2005)。

2. 推动国际组织份额以及投票权变革

为了进一步提高新兴国家在国际金融市场中的影响力与话语权,我国开始积极推进新兴国家与发展中国家在国际货币基金组织和世界银行的份额及股权改革方案。在关于 IMF 份额改革的进程中,由于美国国会的长期拖延,2010 年提出的份额和治理改革方案直至 2015 年才正式生效。此次份额改革向发展中国家转移了 6% 的份额,也使得 IMF 资金规模扩大了一倍。自此,我国在 IMF 的份额占比由此前的 4.00% 上升至 6.39%(杨天宇,2020),排名由第六位提升至第三位,超越了英国、法国和德国,仅次于美国和日本。

相对而言,我国在推进世界银行投票权的改革进程则较为顺利,发达国家向发展中国家转移了 3.13% 的投票权,在世界银行的投票权由以前的 2.77% 上升至 4.42%,成为投票权排名第三的国家。本次改革为世界银行首次以提高发展中国家的国际影响力为目的而进行的结构治理改革,中国作为主要受益者,提升了自身在世界舞台上的话语权。

3. 成立应急储备安排

随着新兴国家的崛起,中国在国际经济体系中的影响力日益提升。鉴于传统的国际金融治理体系逐渐难以满足当今全球经济的发展需求,为了共同防范世界金融危机,2014 年中国与巴西、俄罗斯、印度、南非五个金砖国家签订了应急外汇储备安排协议。协议约定,若某一金砖成员国面临着国际收支困境,其他成员国可通过多边货币互换的方式来向其提供资金援助。

在金砖国家应急储备安排的决策机制中,中国的投票权最高,达到了

39.95%。此次协议的签署,不仅能够吸引更多外资流入中国,同时有助于我国防范全球金融风险,提高我国在国际事务中的话语权。

4. 签订货币互换协议

2008 年金融危机以来,各国央行先后开展了大规模的货币互换安排。为了防范资本冲击、维护金融稳定,中国也积极参与到双边货币互换网络的构建中。仅在金融危机期间,就与韩国、中国香港等签署了 11 份货币互换协议(于国才和王晨宇,2021)。2018 年我国和马来西亚、澳大利亚、南非等九个国家和地区续签了互换协议,同时,还和尼日利亚、日本新签了互换协议。至此,我国已经先后与 38 个经济体签订了货币互换协议,金额达到了 9 万亿人民币(林乐芬和付舒涵,2020)。

总体来看,央行货币互换协议作为新型国际经济联系方式,是目前我国推进人民币国际化进程、巩固我国对外投资的重要举措,同时,在维护金融市场稳定、推动跨国投资以及建立国内国际双循环新格局等方法发挥着至关重要的作用。

参考文献:

[1]陈卫东,梁婧,范若滢. 从国际收支的变化和国际比较理解中国经济增长模式[J]. 国际金融研究,2019(3):13-23.

[2]丁志杰,严灏,丁玥. 人民币汇率市场化改革四十年:进程、经验与展望[J]. 管理世界,2018,34(10):24-32.

[3]杜新安. 关于思想政治课"到课率、抬头率和点头率"的探索[J]. 教育与职业,2011(36):143-144.

[4]管涛,殷高峰. 开放没有回头路:中国应对资本流动冲击的经验及启示[J]. 国际经济评论,2022(1):54-69.

[5]何帆,张斌,张明. 对《清迈协议》的评估及改革建议[J]. 国际金融研究,2005(7):16-22.

[6]胡敏,傅坤山. 我国强制结售汇制度的发展历程与改革[J]. 重庆工商大学学报(西部论坛),2008(3):82-84.

[7]黄蓉.线上线下混合式课程建设及其质量评价:以广东省外语艺术职业学院为例[J].河北职业教育,2021(5):104-108.

[8]林乐芬,付舒涵.中国货币互换协议缔结的驱动因素与双边贸易联动效应研究[J].世界经济与政治论坛,2020(1):128-149.

[9]汤晓蒙,何昕,杨婕.有关"金课"概念的省思[J].高教探索,2020(10):67-72.

[10]涂兰兰.对我国结售汇体制改革的再思考[J].企业经济,2002(7):23-24.

[11]吴岩.建设中国"金课"[J].中国大学教学,2018(12):4-9.

[12]杨天宇.中国参与国际金融机制变革的进展及问题[J].现代国际关系,2020(3):40-48.

[13]于国才,王晨宇.货币互换协议、金融市场与中国对外直接投资[J].南方经济,2021(3):19-35.